我
思

敢于运用你的理智

太古丛书

太古丛书

古老中国的现代转型

揭乡愿与大盗

仁学

谭嗣同 著

长江出版传媒 崇文书局

图书在版编目（CIP）数据

揭乡愿与大盗：仁学 /（清）谭嗣同著；梅愚校点．
一 武汉：崇文书局，2019.9
（太古丛书）
ISBN 978-7-5403-5260-8

Ⅰ．① 揭…
Ⅱ．① 谭… ② 梅…
Ⅲ．① 哲学思想－中国－近代 ② 政治思想－中国－近代
Ⅳ．① B254.1 ②D092.52

中国版本图书馆 CIP 数据核字（2018）第 238497 号

我思

敢于运用你的理智

揭乡愿与大盗：仁学

出　　品　崇文书局人文学术出版中心
策 划 人　梅文辉（mwh902@163.com）
责任编辑　梅文辉
出版发行　长江出版传媒｜崇文书局
地　　址　武汉市雄楚大街 268 号 C 座 11 层
电　　话　(027)87680797　邮政编码　430070
印　　刷　武汉中科兴业印务有限公司
开　　本　880mm×1230mm　1/32
印　　张　5.25
字　　数　108 千字
版　　次　2019 年 9 月第 1 版
印　　次　2019 年 9 月第 1 次印刷
定　　价　28.00 元

(读者服务电话：027—87679738)

目　录

仁学序

梁启超

呜呼！此中国为国流血第一烈士亡友浏阳谭君之遗著也。烈士之烈，人人知之。烈士之学，则罕有知之者；亦有自谓知之，而其实未能知者。余之识烈士，虽仅三年，然此三年之中，学问言论行事，无所不与共。其于学也，同服膺南海，无所不言，无所不契。每共居，则促膝对坐一榻中，往复上下，穷天人之奥，或彻数日夜废寝食，论不休。每十日不相见，则论事论学之书盈一箧。呜呼！烈士之可以千古，尚有出乎烈士之外者，余今不言，来者曷述焉！乃叙曰：

《仁学》何为而作也？将以光大南海之宗旨，会通世界圣哲之心法，以救全世界之众生也。南海之教学者曰："以求仁为宗旨，以大同为条理，以救中国为下手，以杀身破家为究竟。"《仁学》者，即发挥此语之书也;而烈士者，即实行此语之人也。

今夫众生之大蔽，莫甚乎有我之见存。有我之见存，则因私利而生计较，因计较而生挂碍，生挂碍而生恐怖，驯至一事不敢办，一言不敢发。充其极也，乃至见孺子入井而不怵惕，闻邻榻呻吟而不动心，视同胞国民之糜烂而不加怜，任同体众生之痛痒而不知觉，于是乎大不仁之事起焉。故孔子绝四，终以毋我。佛说曰："无我相。"

今夫世界乃至恒河沙数之星界，如此其广大；我之一身，如此其藐小。自地球初有人类，初有生物，乃至前此无量劫，后此无量劫，如此其长；我之一身，数十寒暑，如此其短。世界物质，如此其复杂；我之一身，分合六十四原质中之各质组织而成，如此其虚幻。然则我之一身，何可私之有？何可爱之有？既无可私，既无可爱，则毋宁舍其身以为众生之牺牲，以行吾心之所安。

盖大仁之极，而大勇生焉。顾婆罗门及其他旧教，往往有以身饲蛇虎，或断食或卧车下辙下求死，而孔、佛不尔者，则以吾固有不忍人之心。既曰不忍矣，而洁其身而不思救之，是亦忍也。故佛说："我不人地狱，谁人地狱?"孔子曰："天下有道，丘不与易也。"古之神圣哲人，无不现身于五浊恶世，经历千辛万苦者。此又佛所谓"乘本愿而出"，孔子所谓"求仁而得仁，又何怨"也。

烈士发为众生流血之大愿也久矣。虽然，或为救全世界之人而流血焉，或为救一种之人而流血焉，或为救一国之人而流血焉，乃至或为救一人而流血焉。其大小之界，至不同也。然自仁者视之，无不同也。何也？仁者，平等也，无差别相也，无拣择法也，故无大小之可言也。此烈士所以先众人而流血也。况有《仁学》一书，以公于天下，为法之灯，为众生之眼，则烈士亦可以无慊于全世界也夫！亦可以无慊于全世界也夫！

烈士流血后九十日，同学梁启超叙

自叙

“仁”，从二从人，相偶之义也。“元”，从二从儿，“儿”，古人字，是亦仁也。“无”，许说通“元”为“无”，是“无”亦从二从人，亦“仁”也。故言仁者不可不知元，而其功用可极于无。能为仁之元而神于无者有三：曰佛，曰孔，曰耶。佛能统孔、耶，而孔与耶仁同，而所以仁不同。能调燮联融于孔与耶之间，则曰墨。周秦学者必曰孔墨，孔墨诚仁之一宗也，惟其尚俭非乐，似未足进于大同。然既标兼爱之旨，则其病亦自足相消，盖兼爱则人我如一，初非如世之专以尚俭非乐苦人也。故墨之尚俭非乐，自足与其兼爱相消，犹天元代数之以正负相消，无所于爱焉。墨有两派：一曰“任侠”，吾所谓仁也，在汉有党锢，在宋有永嘉，略得其一体；一曰“格致”，吾所谓学也，在秦有《吕览》，在汉有《淮南》，各识其偏端。仁而学，学而仁，今之士其勿为高远哉！盖即墨之两派，以近合孔耶，远探佛法，亦云汰矣。

吾自少至壮，遍遭纲伦之厄，涵泳其苦，殆非生人所能任受；濒死累矣，而卒不死；由是益轻其生命，以为块然躯壳，除利人之外，复何足惜！深念高望，私怀墨子摩顶放踵之志矣。二三豪俊，亦时切亡教之忧，吾则窃不谓然。何者？教无可亡也。教而亡，必其教之本不足存，亡亦何恨？教之至者，极其量不过亡其名耳，其实固莫能亡矣。名非圣人之所争。圣人亦名也，圣人之名若姓皆名也。即吾之言仁言学，皆名也。名则无与于存亡。呼马，马应之可也；呼牛，牛应之可也；道在屎溺，佛法是干屎橛，无不可也。何者？皆名也，其实固莫能亡矣。惟有其实而不克既其实，使人反瞀于名实之为苦。以吾之遭，置之婆娑世界中，犹海之一涓滴耳，其苦何可胜道？窃揣历劫之下，度尽诸苦厄，或更语以今日此土之愚之弱之贫之一切苦，将笑为诳语而不复信，则何可不千一述之，为流涕哀号，强聒不舍，以速其冲决网罗，留作券剂耶！

网罗重重，与虚空而无极。初当冲决利禄之网罗，次冲决俗学若考据、若词章之网罗，次冲决全球群学之网罗，次冲决君主之网罗，次冲决伦常之网罗，次冲决天之网罗，次冲决全球群教之网罗，终将冲决佛法之网罗。然真能冲决，亦自无网罗；真无网罗，乃可言冲决；故冲决网罗者，即是未尝冲决网罗。循环无端，道通为一，凡诵吾书，皆可于斯二语领之矣。

所惧智悲未圆，语多有漏。每思一义，理奥例赜，坌涌奔腾，际笔来会，急不暇择，修词易刺，止期直达所见，文词亦自不欲求工。况少有神悟，又决非此世间之语言文字所能曲达，乃至非此世间之脑气心思所能径至。此古之达人悼夫词害意、意害志，所以宁终默尔也。庄不云乎，千世而一遇大圣人，知其解者，犹旦暮也。夫既已著为篇章，即堕粗迹，而知解不易，犹至如此。何哉？良以一切格致新理，悉未萌芽，益复无由悟入，是以若彼其难焉。今则新学竞兴，民智渐辟，吾知地球之运，自苦向甘，吾惭吾书未餍观听，则将来之知解为谁，或有无洞抉幽隐之人，非所敢患也矣。

成书凡五十篇，分为二卷，首界说二十七条。

华相众生自叙于

虫虫虫天之微大弘孤精舍

仁学界说（二十七界说）

一、仁以通为第一义。以太也，电也，心力也，皆指出所以通之具。

二、以太也，电也，粗浅之具也，借其名以质心力。

三、通之义，以“道通为一”为最浑括。

四、通有四义：中外通，多取其义于《春秋》，以太平世远近大小若一故也；上下通，男女内外通，多取其义于《易》，以阳下阴吉，阴下阳吝，泰否之类故也；人我通，多取其义于佛经，以“无人相，无我相”故也。

五、仁亦名也，然不可以名名也。恶名名者，故恶名，知恶名，几无仁学。

六、不识仁，故为名乱；乱于名，故不通。

七、通之象为平等。

八、通则必尊灵魂，平等则体魄可为灵魂。

九、灵魂，智慧之属也；体魄，业识之属也。

十、智慧生于仁。

十一、仁为天地万物之源，故唯心，故唯识。

十二、仁者寂然不动，感而遂通天下之故。

十三、不生不灭仁之体。

十四、不生与不灭平等，则生与灭平等，生灭与不生不灭亦平等。

十五、生近于新，灭近于逝；新与逝平等，故过去与未来平等。

十六、有过去，有未来，无现在；过去、未来皆现在。

十七、仁一而已，凡对待之词皆当破之。

十八、破对待，当参伍错综其对待。

十九、参伍错综其对待，故迷而不知平等。

二十、参伍错综其对待，然后平等。

二一、无对待，然后平等。

二二、无无，然后平等。

二三、平等生万化，代数之方程式是也。其为物不贰，故生物不测。不贰则无对待，不测则参伍错综其对待。代数如权衡然，参伍错综之不已，必平等，则无无。

试依第十四条“不生与不灭平等，则生与灭平等，生灭与不生不灭亦平等”之理，用代数演之。命生为甲，命灭为乙，不字为乘数，列式如下（见下一页——编者注）:

二四、平等者，致一之谓也；一则通矣，通则仁矣。

二五、凡为仁学者，于佛书当通《华严》及心宗、相宗之书，于西书当通《新约》及算学、格致、社会学之书，于中国书当通《易》《春秋公羊传》《论语》《礼记》《孟子》《庄子》《墨子》《史记》

及陶渊明、周茂叔、张横渠、陆子静、王阳明、王船山、黄梨洲之书。

二六、算学即不深，而不可不习几何学，盖论事办事之条段在是矣。

二七、格致即不精，而不可不知天文、地舆、全体、心灵四学，盖群学群教之门径在是矣。

$$\text{甲} = \text{生}$$

$$\text{乙} = \text{灭}$$

$$\text{乘} = \text{不}$$

$$\text{不} \times \text{甲} = \text{不} \times \text{乙}$$

$$\text{乙} = \frac{\text{不} \times \text{乙}}{\text{不}}$$

$$\text{甲} \mid \text{乙} = \frac{\text{不} \times \text{乙} \mid \text{不} \times \text{甲}}{\text{不} \quad \text{不}}$$

$$\text{不} \times \underline{(\text{甲} \mid \text{乙})} = \underline{\text{不} \times \text{乙} \mid \text{不} \times \text{甲}}$$

$$\text{不} \times \underline{(\text{甲} \mid \text{乙})} = \text{不} \times \underline{(\text{乙} \mid \text{甲})}$$

$$\underline{\text{甲} \mid \text{乙}} = \underline{\text{乙} \mid \text{甲}}$$

$$\text{甲} = \overline{\text{二乙} \mid \text{甲}}$$

$$\text{乙} = \overline{\text{二甲} \mid \text{乙}}$$

$$\text{甲} = \text{乙}$$

$$\underline{\text{不} \times \text{甲} \mid \text{不} \times \text{乙}} = \underline{\text{不} \times \text{乙} \mid \text{不} \times \text{甲}}$$

$$\text{不} \times \text{甲} = \overline{\text{二不} \times \text{乙} \mid \text{不} \times \text{甲}}$$

$$\text{不} \times \text{乙} = \overline{\text{二不} \times \text{甲} \mid \text{不} \times \text{乙}}$$

$$\text{不} \times \underline{\text{甲} \mid \text{甲}} = \text{不} \times \underline{\text{乙} \mid \text{乙}}$$

$$\text{不} \times \text{甲} = \underline{\text{不} \times \text{乙}} \mid \overline{\underline{\text{乙}} \mid \text{甲}}$$

$$\text{甲} = \underline{\text{不} \times \text{乙} \mid \text{乙}} \overline{\text{乙} \mid \text{不} \times \text{甲}}$$

$$\text{乙} = \underline{\text{不} \times \text{甲} \mid \text{甲}} \overline{\text{甲} \mid \text{不} \times \text{乙}}$$

$$\underline{\text{甲} \mid \text{乙}} = \underline{\text{不} \times \text{甲} \mid \text{不} \times \text{乙}}$$

仁学卷上

一　以太之体与用

遍法界、虚空界、众生界，有至大至精微，无所不胶粘、不贯洽、不管络而充满之一物焉，目不得而色，耳不得而声，口鼻不得而臭味，无以名之，名之曰以太。其显于用也，孔谓之仁，谓之元，谓之性；墨谓之兼爱；佛谓之性海，谓之慈悲；耶谓之灵魂，谓之爱人如己，视敌如友；格致家谓之爱力、吸力，咸是物也。法界由是生，虚空由是立，众生由是出。

夫人之至切近者莫如身，身之骨二百有奇，其筋肉血脉脏腑又若干有奇，所以成是而粘砌是不使散去者，曰惟以太。由一身而有夫妇，有父子，有兄弟，有君臣朋友；由一身而有家，有国，有天下，而相维系不散去者，曰惟以太。身之分为眼耳鼻舌身。眼何以能视，耳何以能闻，鼻何以能嗅，舌何以能尝，身何以能触？曰惟以太。与身至相切近莫如地，地则众质点粘砌而成。何以能粘砌？曰惟以太。剖其质点一小分，以至于无，察其为何物所凝结，曰惟以太。

至与地近厥惟月，月与地互相吸引不散去也；地统月，又与金、水、火、木、土、天王、海王为八行星，又与无数小行星，无数彗星，互相吸引不散去也；金、水诸行星又各有所统之月，互相吸引不散去也；合八行星与所统之月与小行星与彗星绕日而疾旋，互相吸引不散去：是为一世界。此一世界之日，统行星与月绕昴星而疾旋，凡得恒河沙数成天河之星团，互相吸引不散去，是为一大千世界。此一大千世界之昴星，统日与行星与月以至于天河之星团，又别有所绕而疾旋，凡得恒河沙数各星团、星林、星云、星气互相吸引不散去，是为一世界海。恒河沙数世界海为一世界性，恒河沙数世界性为一世界种，恒河沙数世界种为一华藏世界，至华藏世界以上，始足为一元。而元之数，则巧历所不能稽，而终无有已时，而皆互相吸引不散去，曰惟以太。其间之声、光、热、电、风、雨、云、露、霜、雪之所以然，曰惟以太。

更小之于一叶，至于目所不能辨之一尘，其中莫不有山河动植，如吾所履之地为一小地球；至于一滴水，其中莫不有微生物千万而未已；更小之又小以至于无，其中莫不有微生物浮寄于空气之中，曰惟以太。

学者第一当认明以太之体与用，始可与言仁。

二　脑与电

以太之用之至灵而可征者，于人身为脑。其别有六：曰大脑，曰小脑，曰脑蒂，曰脑桥，曰脊脑；其分布于四肢及周身之皮肤，曰脑气筋。于虚空则为电，而电不止寄于虚空，盖无物不弥纶贯彻。脑其一端，电之有形质者也。脑为有形质之电，是电必为无形质之脑。人知脑气筋通五官百骸为一身，即当知电气通天地万物人我为一身也。是故发一念，诚不诚，十手十目严之；出一言，善不善，千里之外应之。莫显乎微，容色可征意思；莫见乎隐，幽独即是大廷。

我之心力，能感人使与我同念，故自观念之所由始，即知所对者品诣之高卑。彼己本来不隔，肺肝所以如见。学者又当认明电气即脑，无往非电，即无往非我。妄有彼我之辨，时乃不仁。虽然，电与脑犹以太之表著于一端者也；至于以太，尤不容有差别，而电与脑之名亦不立。

三 以一身而验仁

若夫仁，试即以太中提出一身而验之。有物骤而与吾身相切，吾知为触；重焉，吾知为痒为痛。孰知之？脑知之。所切固手足之末，非脑也，脑何由知之？夫固言脑即电矣，则脑气筋之周布，即电线之四达；大脑小脑之盘结，即电线之总汇。一有所切，电线即传信于脑，而知为触为痒为痛，其机极灵，其行极速。

惟病麻木痿痹，则不知之，由电线已摧坏，不复能传信至脑，虽一身如异域然，故医家谓麻木痿痹为不仁。不仁则一身如异域，是仁必异域如一身。异域如一身，犹不敢必尽仁之量，况本为一身哉！一身如异域，此至奇不恒有，人莫不怪之。独至无形之脑气筋如以太者，通天地万物人我为一身，而妄分彼此，妄见畛域，但求利己，不恤其他，疾痛生死，忽不加喜戚于心，反从而忌之，蚀之，齮龁之，屠杀之，而人不以为怪，不更怪乎？反而观之，可识仁体。

四　通塞之本

是故仁不仁之辨，于其通与塞；通塞之本，惟其仁不仁。通者，如电线四达，无远弗届，异域如一身也。故《易》首言元，即继言亨。元，仁也；亨，通也。苟仁自无不通，亦惟通而仁之量乃可完，由是自利利他而永以贞固。彼鄙夫骇竖，得一美衣食，则色然喜，喜其得于我也。其时乍见有我，见之力量，遂止于此，而不能通之于人，争夺之患起，虽父子兄弟，干糇以愆矣。少贤于此，则能通于一家而不能通于乡里，浸假而一乡一县，又不能通于一国，浸假而一国，而语及全球，则又儳焉不欲任受，夫是以仁者希也。

抑岂不以全球为远于一身一家乎哉？然而全球者，一身一家之积也。近身者家，家非远也；近家者邻，邻非远也；近此邻者彼邻，彼邻又非远也。我以为远，在邻视之，乃其邻也；此邻以为远，在彼邻视之，亦其邻也；衔接为邻，邻邻不断，推之以至无垠，周则复始，斯全球之势成矣。

且下掘地球而通之，华之邻即美也，非有隔也；更广运精神而通之，地球之邻可尽虚空界也，非有隔也；安见夫全球之果大，而一身一家之果小也？数十年来，学士大夫覃思典籍，极深研几，罔不自谓求仁矣。及语以中外之故，辄曰闭关绝市，曰重申海禁，抑何不仁之多乎！

夫仁，以太之用，而天地万物由之以生，由之以通。星辰之远，鬼神之冥漠，犹将以仁通之，况同生此地球而同为人，岂一二人之私意所能塞之？亦自塞其人而已。彼治于我，我将师之；彼忽于我，我将拯之；可以通学，可以通政，可以通教，又况于通商之常者乎？譬如一身然，必妄立一法曰，左手毋得至乎右，右手毋得至乎左，三焦百脉毋得相贯注，又有是理乎？而猥曰闭之、绝之、禁之，不通矣，夫惟不仁之故。

五　天地间亦仁而已矣（一）

天地间亦仁而已矣。佛说："百千万亿恒河沙数世界，有小众生起一念，我则知之，虽微至雨一滴，能知其数。"岂有他神奇哉？仁之至，自无不知也。牵一发而全身为动，生人知之，死人不知也；伤一指而终日不适，血脉贯通者知之，痿痹麻木者不知也。吾不能通天地万物人我为一身，即莫测能通者之所知，而诧以为奇；其实言通至于一身无有不知者，至无奇也。知不知之辨，于其仁不仁，故曰：天地间亦仁而已矣，无智之可言也。

六　天地间亦仁而已矣（二）

孔子曰："仁者必有勇。"手足之捍头目，子弟之卫父兄，其事急，其情切，岂有犹豫顾虑而莫敢前者？勇不勇之辨，于其仁不仁，故曰：天地间亦仁而已矣，无勇之可言也。义之为宜，出于固然，无可言也。吾知手必不能为足之所为，足必不能为手之所为也，苟其能而无害，又莫非宜也。信之为诚，亦出于固然，无可言也。知痛痒，知捍卫，吾知其非外假也，非待设心而然也，非有欲于外之人也。礼者，即其既行之迹，从而名之。至于礼，抑末矣，其辨皆于仁不仁。故曰：天地间亦仁而已矣。

七　人我分别

吾悲夫世之妄生分别也，犁然不可以缔合。寐者蘧蘧，乍见一我，对我者皆为人；其机始于一人我，究于所见，无不人我者。

见愈小者，见我亦愈切。愚夫愚妇，于家庭则肆其咆哮之威，愈亲则愈甚，见外人反畏之而忘之，以切于我与不切于我也。切于我者易于爱，易于爱者亦易于不爱，爱之所不及，亦不爱之所不及。同一人我，而人我之量，斯其小者，大于此者，其人我亦大。湘人士不幸处于未通商之地，不识何为中外，方自以为巍巍然尊，任我以非礼施设而莫余敢止，虽同里之人，曾疑忌诋诽之不已。于是乎好谣言，于是乎好攻击。及出而游历，始惊天地之大，初不若吾向者之所私度，直疑不胜疑，忌不胜忌，攻击不胜攻击，又未尝不爽然自失，不能自解向者之何以为也。庄曰：“室无空虚，妇姑勃谿。”以所处者小故也。

汉儒训仁为相人偶，人与人不相偶，尚安有世界！不相人偶，见我切也，不仁矣，亦以不人。虽然，此之分别，由于人我而人我之也，甚至一身而有人我。何则？仁而已矣，而忽有智勇之名，而忽有义信礼之名，而忽有忠孝廉节之名。仁亦名矣，不可立而犹可立者也，傅以智勇义信礼云云，胡为者？故凡教主如佛，如孔，如耶，则专言仁，间有旁及，第就世俗所已立之名，借以显仁之用，使众易晓耳，夫岂更有与仁并者哉？

学人不察，妄生分别，就彼则失此，此得又彼丧，徘徊首鼠，卒以一无成而两俱败。只见其拘牵文义，嫌疑挂碍，分崩离析，无复片段，犹一身而断其元首，刳其肺肠，车裂支解其四体，磔膊脔割其肌肉，而相率以叠毙于分别之下。彼人我之人我，车裂之刑也；此一身之人我，寸磔之刑也。不其悲夫！不其悲夫！

八　仁之乱于名

仁之乱也，则于其名。名忽彼而忽此，视权势之所积；名时重而时轻，视习俗之所尚。甲亦一名也，乙亦一名也，则相持；名名也，不名亦名也，则相诡。名本无实体，故易乱，名乱焉而仁从之，是非名罪也，主张名者之罪也。俗学陋行，动言名教，敬若天命而不敢渝，畏若国宪而不敢议。嗟乎！以名为教，则其教已为实之宾，而决非实也。又况名者，由人创造，上以制其下而不能不奉之，则数千年来，三纲五伦之惨祸烈毒由是酷焉矣。君以名桎臣，官以名轭民，父以名压子，夫以名困妻，兄弟朋友各挟一名以相抗拒，而仁尚有少存焉者得乎？

然而仁之乱于名也，亦其势自然也。中国积以威刑钳制天下，则不得不广立名为钳制之器。如曰仁，则共名也，君父以责臣子，臣子亦可反之君父，于钳制之术不便，故不能不有忠、孝、廉、节等一切分别等衰之名，乃得以责臣子曰："尔胡不忠？尔胡不孝？是当放逐也，是当诛戮也！"忠孝既为臣子之专名，则终必不能以此反之。虽或他有所摭，意欲诘诉，而终不敌忠孝之名为名教之所上，反更益其罪，曰怨望，曰觖望，曰怏怏，曰腹诽，曰讪谤，曰亡等，曰大逆不道。是则以为当放逐，放逐之而已矣；当诛戮，诛戮之而已矣。曾不若孤豚之被絷缚屠杀也，犹得奋荡呼号以声其痛楚，而人不之责也。施者固泰然居之而不疑，天下亦从而和之曰：“得罪名教，法宜至此。”而逢、比、屈原、伯奇、申生之流，遂衔冤饮恨于万古之长夜，无由别白其美。实不幸更不逮逢、比诸人之遭，则转复被之以恶名。《易》曰：“丰其蔀，日中见斗。”此其黑暗，岂非名教之为之蔀耶？

然名教也者，名犹依倚乎教也。降而弥甚，变本加厉，乃亡其教而虚牵于名，抑惮乎名而竟不敢言教，一若西人乃有教，吾若言教即陷于夷狄异端也者。凡从耶教，则谓之“教民”，煌煌然见于谕旨，见于奏牍，见于檄移文告，是耶教有民，孔教无民矣。又遇中外交涉事，则曰“民教相安”，或曰“反教为民”，煌煌然见于谕旨，见于奏牍，见于檄移文告，是惮乎教之名，而世甘以教专让于人，而甘自居为无教之民矣。嗟乎！因卫教而立名，不谓名之弊乃累教如此也！

九　性善、性恶

仁乱而以太亡乎？曰，无亡也。匪惟以太也，仁固无亡；无能亡之者也，亦无能亡也。乱云者，即其既有条理而不循其条理之谓，孰能于其既有也而强无之哉？夫是，故亦不能强无而有。不能强有者，虽仁至如天，仁乎何增？不能强无，虽不仁至如禽兽，仁乎何减？不增，惟不生故；不减，惟不灭故。知乎不生不灭，乃今可与谈性。

生之谓性，性也；形色天性，性也；性善，性也；性无，亦性也。无性何以善？无善所以善也，有无善然后有无性，有无性斯可谓之善也，善则性之名固可以立。就性名之已立而论之，性一以太之用，以太有相成相爱之能力，故曰性善也。

性善，何以情有恶？曰：情岂有恶哉？从而为之名耳。所谓恶，至于淫杀而止矣。淫固恶，而仅行于夫妇，淫亦善也；杀固恶，而仅行于杀杀人者，杀亦善也。礼起于饮食，而以之沉湎而饕餮者，即此饮食也；不闻惩此而废饮食，则饮食无不善也。民生于货财，而以之贪黩而劫夺者，即此货财也；不闻戒此而去货财，则货财无不善也。妄喜妄怒，谓之不善，然七情不能无喜怒，特不当其可耳，非喜怒恶也；忽寒忽暑，谓之不善，然四时不能无寒暑，特不顺其序耳，非寒暑恶也。皆既有条理而不循条理之谓也。故曰：天地间仁而已矣，无所谓恶也。恶者，即其不循善之条理而名之，用善者之过也，而岂善外别有所谓恶哉？若第观其用而可名之曰恶，则用自何出？用为谁用？岂惟情可言恶，性亦何不可言恶？言性善，斯情亦善，生与形色又何莫非善？故曰皆性也。

世俗小儒，以天理为善，以人欲为恶，不知无人欲尚安得有天理？吾故悲夫世之妄生分别也！天理，善也；人欲，亦善也。王船山有言曰："天理即在人欲之中，无人欲则天理亦无从发现。"适合乎佛说"佛即众生，无名即真如"矣。

且更即用征之，用固有恶之名矣。然名，名也，非实也；用，亦名也，非实也。名于何起？用于何始？人名名而人名用，则皆人之为也，犹名中之名也。何以言之？男女构精，名之曰淫，此淫名也。淫名，亦生民以来沿习既久，名之不改，故皆习谓淫为恶耳。向使生民之初，即相习以淫为朝聘宴飨之巨典，行之于朝庙，行之于都市，行之于稠人广众，如中国之长揖拜跪，西国之抱腰接吻，沿习至今，亦孰知其恶者？乍名为恶，即从而恶之矣。或谓男女之具生于幽隐，人不恒见，非如世之行礼者光明昭著，为人易闻易睹，故易谓淫为恶耳。是礼与淫但有幽显之辨，果无善恶之辨矣。向使生民之初，天不生其具于幽隐而生于面额之上，举目即见，将以淫为相见礼矣，又何由知为恶哉？戕害生民之命，名之曰杀，此杀名也。然杀为恶，则凡杀皆当为恶；人不当杀，则凡虎狼牛马鸡豚之属又何当杀者？何以不并名恶也？或曰：人与人同类耳。然则虎狼于人不同类也，虎狼杀人则名虎狼为恶，人杀虎狼，何以不名人为恶也？天亦尝杀人矣，何以不名天为恶也？是杀名亦生民以来沿习既久，第名杀人为恶，不名杀物为恶耳。以言其实，人不当杀，物亦不当杀，杀杀之者，非杀恶也。

孔子曰："性相近，习相远。"沿于习而后有恶之名。恶既为名，名又生于习，可知断断乎无有恶矣。假使诚有恶也，有恶之时，善即当灭；善灭之时，恶又当生；不生不灭之以太乃如此哉？或曰："不生不灭矣，何以有善？有善则仍有生灭。"曰："生灭者彼此之辞也，善而有恶，则有彼此，彼灭则此生。独善而已，复何生灭？"或曰："有善矣，何以言性无？性无则善亦无。"曰："有无亦彼此之辞也，善而有恶，则有彼此，彼无则此有。独善而已，复何有无？"虽然，世间无淫，亦无能淫者；无杀，亦无能杀者。有善，故无恶；无恶，故善之名可以不立。佛说："自无始来，颠倒迷误，执妄为真。"当夫生民之初，不闻何一人出而偏执一义，习之数千年，遂确然定为善恶之名。甚矣众生之颠倒也，反谓不颠倒者颠倒！颠倒生分别，分别生名。颠倒，故分别亦颠倒，谓不颠倒者颠倒，故名亦颠倒。颠倒，习也，非性也。

十　无性

断杀者何？断不爱根故；断淫者何？断爱根故。不爱断而爱亦断者何？有所爱必有所不爱故。譬诸吸力焉，必上下四方，齐力并举，敌引适均，无所偏倚，然后日星于中运，大地于中举，万类于中生。向使一面吸力独重，则将两面切附，而毕弃其余；毕弃其余，则吸力不周；而既两相切附，则胶固为一，吸力亦且无由以显，而亡于无。夫吸力即爱力之异名也。善用爱者，所以贵兼爱矣。有所爱，必有所大不爱也；无所爱，将留其爱以无不爱也。是故断杀必先断淫；不断淫，亦必不能断杀。淫而杀，杀而淫，其情相反，其事相因。杀即淫，淫即杀，其势相成，其理相一。陷桁杨，膏萧斧，罪狱多起于淫；恣虏掠，沓奸嬲，横决皆肆于杀。此其易明者也。

若乃其机，则犹不始此。杀人者，将以快己之私，而泄己之欲，是杀念即淫念也。淫人者，将以人之宛转痛楚奇痒殊颤而为己之至乐，是淫念即杀念也。同一女色，而髫龄室女，尤流俗所涎慕，非欲创之至流血哀啼而后快耶？杀机一也。穿耳以为饰，杀机又一也。又其甚者，遂残毁其肢体，为缠足之酷毒，尤杀机之暴著者也。缠足不知何昉，据其见于诗词吟咏，要以赵宋为始盛。呜呼悲哉！彼北狄之纪纲文物，何足与华人比并者。顾自赵宋以后，奇渥温、爱新觉罗之族迭主华人之中国，彼其不缠足一事，已足承天畀佑，而非天之误有偏私也。又况西人治化之美，万万过于北狄者乎？华人若犹不自省其亡国之由，以畏惧而亟变缠足之大恶，则愈淫愈杀，永无底止，将不惟亡其国，又以亡其种类，不得归怨于天之不仁矣。且又不惟中国，非洲之压首，欧洲之束腰，皆杀机也。断杀以断淫，不能不一切划除之也。

若夫世之防淫，抑又过矣，而适以召人于淫。曰锢妇女使之不出也；曰严男女之际使不相见也；曰立淫律也；曰禁淫书也；曰耻淫语也；虽文明如欧美，犹讳言床第，深以淫为羞辱，信乎达者之难觏也。夫男女之异，非有他，在牝牡数寸间耳，犹夫人之类也。今锢之，严之，隔绝之，若鬼物，若仇雠，是重视此数寸之牝牡，翘之以示人，使知可贵可爱，以艳羡乎淫。然则特偶不相见而已，一旦瞥见，其心必大动不可止，一若方苞之居丧，见妻而心乱。直以淫具待人，其自待亦一淫具矣，复何为不淫哉！

故重男轻女者，至暴乱无礼之法也。男则姬妾罗侍，纵淫无忌；女一淫即罪至死。驯至积重流为溺女之习，乃忍为蜂蚁豺虎之所不为。中国虽亡，而罪当有余矣，夫何说乎！佛书虽有“女转男身”之说，惟小乘法尔；若夫《华严》《维摩诘》诸大经，女身自女身，无取乎转，自绝无重男轻女之意也。苟明男女同为天地之菁英，同有无量之盛德大业，平等相均，初非为淫始生于世。所谓色者，粉黛已耳，服饰已耳，去其粉黛服饰，血肉聚成，与我何异，又无色之可好焉。则将导之使相见，纵之使相习，油然相得，澹然相忘，犹朋友之相与往还，不觉有男女之异，复何有于淫？淫然后及今可止也。

藏物于箧，惧使人见，而欲见始愈切；坦坦然剖以相示，则且曰熟视而若无睹矣。夫淫亦非有他，机器之关捩冲荡已耳。冲荡又非能自主，有大化之炉鞴鼓之。童而精少，老而闭房，鸟兽方春而交，轮轴缘汽而动。平淡无奇，发于自然，无所谓不乐，自无所谓乐也。今悬为厉禁，引为深耻，沿为忌讳，是明诲人此中之有至甘焉，故为吝之秘之，使不可即得，而迫以诱之。瘗金璧者曰“皆不得发焉”，是使人盗也；陈浆酭者曰“皆不得饮焉”，是使人渴也；戒淫者曰“而勿淫”，是淫之心由是而启也。不惟人以为禁为耻为讳，又自禁之，自耻之，自讳之，岂不以此中有至甘焉，深耽笃嗜，惟恐人之讥责，而早为之地耶？

迂儒乃曰：“以此防民，民犹有逾者，奈何去之？”是果以防为足断淫耶？淫者自淫，防岂能断耶？不淫自不淫，抑岂防之力耶？且逆水而防，防愈厚，水力亦愈猛，终必一溃决，泛滥之患，遂不可收拾矣。水患，防所激成，淫祸亦禁与耻与讳所激成也。俗间妇女，昧于理道，奉腐儒古老之谬说为天经地义，偶一失足，或涉疑似之交，即为人劫持，钳其舌，使有死不敢言，至于为人玩弄，为人胁逃，为人鬻贩，或忍为婢媵，或流为娼妓，或羞愤断吭以死。而不知男女构精，特两机之动，毫无可羞丑，而至予人间隙也。

中国医家，男有三至、女有五至之说，最为精美，凡人皆不可不知之。若更得西医之精化学者，详考交媾时筋络肌肉如何动法，涎液质点如何情状，绘图列说，毕尽无余，兼范蜡肖人形体，可拆卸谛辨，多开考察淫学之馆，广布阐明淫理之书，使人人皆悉其所以然。徒费一生嗜好，其事乃不过如此如此，机器焉已耳，而其动又有所待，其待又有待，初无所谓淫也，更何论于断不断，则未有不废然返者。遇断淫之因缘，则径断之，无其因缘，盖亦奉行天地之化机，而我无所增损于其间。

佛说"视横陈时，味同嚼蜡"。虽不断犹断也。西人男女相亲，了不忌避，其接生至以男医为之，故淫俗卒少于中国。遏之适以流之，通之适以塞之，凡事盖莫不然，况本所无有而强致之，以苦恼一切众生哉！遇断杀之因缘，亦径断之，可也。即不断，要不可不断于心也。

辟佛者动谓："断淫则人类几绝，断杀则禽兽充塞。"此何其愚而悍也！人一不生不灭者，有何可绝耶？禽兽亦一不生不灭者，将欲杀而灭之乎？野处之禽兽，得食甚难，孳衍稍多，则无以供，虽不杀之，自不能充塞。其或害人，乃人之杀机所召，不关充塞不充塞也。家畜之禽兽，尤赖人之勤于牧养，刍豢偶缺，立形衰耗。明明人将杀之，而故蓄之，岂自能充塞乎？以论未开化之游牧部落或可耳，奈何既已成国，既艰食而粒我，犹为口腹残物命，愈杀以愈生，顾反谓杀之始不充塞乎！故曰：世间无淫，亦无能淫者；世间无杀，亦无能杀者。以性所本无故。性所本无，以无性故。

十一　原质、以太、性

或难曰：“草木金石，至冥也，而寒热之性异；鸟兽鱼鳖，至愚也，而水陆之性异。谓人无性，毋乃不可乎？”曰：就其本原言之，固然其无性，明矣。彼动植之异性，为自性尔乎，抑质点之位置与分剂有不同耳。质点不出乎六十四种之原质，某原质与某原质化合则成一某物之性；析而与他原质化合，或增某原质，减某原质，则又成一某物之性；即同数原质化合，而多寡主佐之少殊，又别成一某物之性。纷纭蕃变，不可纪极，虽聚千万人之毕生精力治化学，不能竟其绪而宣其蕴，然而原质则初无增损之故也。

香之与臭，似判然各有性矣，乃考其成此香臭之所以然，亦质点布列，微有差池，致触动人鼻中之脑气筋，有顺逆迎拒之异，故觉其为香为臭。苟以法改其质点之聚，香臭可互易也。此化学家之浅者，皆优为之。乌睹所谓一成不改之性耶？庖人之治庖也，同一鱼肉，同一蔬笋，调和烹煮之法又同，宜同一味矣，而或方正切之，或斜切之，或以藿叶切之，或脔之，或糜之，或巨如块，或细如丝，其奏刀异，其味亦因之而不同。此岂性也哉？由大小斜正之间，其质点不无改变，及与舌遇，遂改变舌上脑气筋之动法，觉味有异耳。故论其原质，必不容有寒热云云诸性，明矣。

然原质犹有六十四种之异，至于原质之原，则一以太而已矣。一，故不生不灭；不生，故不得言有；不灭，故不得言无。谓以太即性，可也；无性可言也。

十二　不生不灭

“不生不灭”有征乎？曰：弥望皆是也。如向所言化学诸理，穷其学之所至，不过析数原质而使之分，与并数原质而使之合，用其已然而固然者，时其好恶，剂其盈虚，而以号曰某物某物，如是而已；岂能竟消磨一原质，与别创造一原质哉！矿学之取金类也，不能取于非金类之矿；医学之御疵疠也，不能使疵疠绝于天壤之间。本为不生不灭，乌从生之灭之？

譬于水加热则渐涸，非水灭也，化为轻气养气也；使收其轻气养气，重与原水等，且热去而仍化为水，无少减也。譬于烛久爇则尽跋，非烛灭也，化为气质流质定质也；使收其所发之炭气，所燃之蜡泪，所流之蜡煤，重与原蜡烛等，且诸质散而滋育他物，无少弃也。譬于陶埴，失手而碎之，其为器也毁矣；然陶埴，土所为也，方其为陶埴也，在陶埴曰成，在土则毁；及其碎也，还归乎土，在陶埴曰毁，在土又以成；但有回环，都无成毁。譬如饼饵，入胃而化之，其为食也亡矣；然饼饵，谷所为也，方其为饼饵也，在饼饵曰存，在谷曰亡；及其化也，还粪乎谷，在饼饵曰亡，在谷又以存；但有变易，复何存亡？譬于风，朝南而暮北，昨飓而今飔，由质点动静往来疾徐之互殊，而此风即彼风，非此生而彼灭也。譬如雨，东云霖而西云曦，秋患旱而春患潦，由地气寒热燥湿舒郁之所致，而上之霂霡，即下之渊泉，川之泛滥，即陆之蒸润，非于霄生而于壤灭也。譬于陵谷沧桑之变易，地球之生，而不知几千几百变矣。洲渚之壅淤，知崖岸之将有倾颓；草木金石之质，日出于地，知空穴之终就沦陷；赤道以旋速而隆起，即南北极之所翕敛也；火期之炎，冰期之沍，即一气之所舒卷也。故地球体积之重率，必无轩轾于昔时；有之，则畸重而去日远，畸轻而去日近，其轨道且岁不同矣。譬于流星陨石之变，恒星有古无而今有，有古有而今无，彗孛有循椭圆线，而往可复返，有循抛物线，而一往不返。往返者，远近也，非生灭也；有无者，聚散也，非生灭也。木星本统四月，近忽多一月，知近度之所吸取。火、木之间依比例当更有一星，今惟小行星武、女等百余，知女星之所剖裂，即此地球亦终有陨散之时，然地球之所陨散，他星又将用其质点以成新星矣。

王船山之说《易》，谓："一卦有十二爻，半隐半见。"故《大易》不言有无，隐见而已。孔子之论礼，谓："殷因于夏，周因于殷。"故礼有不得，与民变革损益而已。凡此诸谊，虽一一佛有阿僧祇身，一一身有阿僧祇口，说亦不能尽。

十三　好生恶死之惑

好生而恶死也，可谓大惑不解者矣！盖于“不生不灭”瞢焉。瞢而惑，故明知是义，特不胜其死亡之惧，缩朒而不敢为。方更于人祸所不及，益以纵肆于恶，而顾景汲汲，而四方蹙蹙，惟取自快慰焉已尔，天下岂复有可治也！

今夫目力所得而谛观审视者，不出寻丈，顾谓此寻丈遂足以极天下之所至，无复能有余，而一切因以自画，则鲜不谓之大愚。何独于其生也，乃谓止此卒卒数十年而已，于是心光之所注射，虽万变百迁，终不出乎饮食男女货利名位之外，则彼苍之生人，徒以供玩弄，而旋即毁之矣乎？呜呼，悲矣！

孔曰：“未知生，焉知死。”欲明乎死，试与论生。生何自？而生能记忆前生者，往往有之。借曰生无自也，则无往而不生矣。知不生，亦当知不灭。匪直其精灵然也，即体魄之至粗，为筋骨血肉之属，兼化学之医学家则知凡得铁若干，余金类若干，木类若干，磷若干，炭若干，小粉若干，糖若干，盐若干，油若干，水若干，余杂质若干，气质若干，皆用天地固有之质点粘合而成人。及其既敝而散，仍各还其质点之故，复他有所粘合而成新人新物。生固非生，灭亦非灭。又况体魄中之精灵，固无从睹其生灭乎？

庄曰："善吾生者，乃所以善吾死也。"此言最为学道入圣之始基。由是张横渠有"太和"之说，王船山有"一圣人死，其气分为众贤人"之说；其在耶，则曰"灵魂"，曰"永生"；在佛则曰"轮回"，曰"死此生彼"。或疑孔子教无此，夫《系易》固曰，"原始反终，故知死生之说，精气为物，游魂为变，是故知鬼神之情状"，何为不言乎！

英士韦廉臣，著《古教汇参》，杂陈东西古今之教，至为淆赜，有极精微者，亦有荒诞不可究诘者。然不论如何精微荒诞，皆用相同之公理二：曰"慈悲"，曰"灵魂"。不言慈悲灵魂，不得有教；第言慈悲，不言灵魂，教而不足以行；言灵魂不极荒诞，又不足行于愚冥顽梗之域。且荒诞云者，自世俗名之云尔，佛眼观之，何荒诞之非精微也？鄙儒老生，一闻灵魂，咋舌惊为荒诞，乌知不生不灭者固然其素矣！

今使灵魂之说明，虽至暗者犹知死后有莫大之事，及无穷之苦乐，必不于生前之暂苦暂乐而生贪著厌离之想；知天堂地狱，森列于心目，必不敢欺饰放纵，将日迁善以自兢惕；知身为不死之物，虽杀之亦不死，则成仁取义，必无怛怖于其衷。且此生未及竟者，来生固可以补之，复何惮而不亹亹。此以杀为不死，然己又断杀者，非哀其死也，哀其具有成佛之性，强夭阏之使死而又生也。是故学者当知身为不死之物，然后好生恶死之惑可祛也。

谭嗣同曰："西人虽日为枪炮杀人之具，而其心实别有所注，初不在此数十年之梦幻。所谓顾諟天之明命，众惑尽祛而事业乃以勃兴焉。"

或曰:"来生不复记忆今生,犹今生之不知前生。虽有来生,竟是别为一人，善报恶报，与今生之我何与？"则告之曰：达此又可与忘人我矣。今生来生本为一我，而以为别一人，以其不相知也。则我于世之人皆不相知,皆以为别一人,即安知皆非我耶？况佛说无始劫之事，耶曰"末日审判"，又未必终无记忆而知之日也。若夫道力不足任世之险阻，为一时愤怒所激，妄欲早自引决，孱弱诡避，转若恶生好死者，岂不以死则可以幸免矣。不知业力所缠，愈死且愈生，强脱此生之苦，而彼生忽然又加甚矣，虽百死复何济？《礼》于畏、压、溺谓之三不吊，孟曰"知命者不立乎岩墙之下"，此修身俟命之学所以不可不讲，而轮回因果报应诸说所以穷古今无可诎焉。

十四　灵魂与体魄

虽然，西人言灵魂，亦有不尽然也。同一大圆性海，各得一小分，禀之以为人，为动物，为植物，为金石，为沙砾水土，为屎溺，乃谓惟人有灵魂，物皆无之，此固不然矣。

佛说人化为羊，羊化为人，而恶道中有畜生一道。人不保其灵魂，则堕为动物；动物苟善保其灵魂，则还为人。动物与人，食息不能或异，岂独无灵魂哉？至若植物，似于人远矣。然亦食渊泉雨露，息炭养二气也。非洲之毒草，则竟有食人物血肉者。人之肺在内，植物之肺在外，即叶是也。悉去植物之叶，而绝其萌芽，则立槁矣，无肺固无以呼吸矣。西人谓《诗》“东门之杨，其叶肺肺”，体物象形，为最工致。此亦训诂之奇而确者。至若金石、沙砾、水土、屎溺之属，竟无食息矣，然而不得谓之无知也。何以验其有知？曰：有性情。何以验其有性情？曰：有好恶。有好恶，于是有攻取；有攻取，于是有异同；有异同，于是有分合，有生克。有此诸端，医家乃得而用之。夫人之能用物，岂有他哉？熟知其好恶之知，而慎感之已耳。推此则虚空之中，亦皆有知也。

而世咸目植物以下者为无知，直不当以人所知之数例之，所以疑莫能明。人之知为繁，动物次之；植物以下，惟得其一端，如葵之倾日，铁之吸电，火之炎上，水之流下，知虽一端，要非人所不能有也。在人则谓之知，在物乃不谓之知，可乎？且夫人固号为有知矣，独是所谓知者，果何等物也？谓知出乎心，心司红血紫血之出纳，乌睹所谓知耶？则必出于脑，剖脑而察之，其色灰败，其质脂，其形洼隆不平，如核桃仁；于所谓知，又无有也。切而求之，心何以能司血？脑之形色何所于用？夫非犹是好恶攻取也欤？人亦一物耳，是物不惟有知，抑竟同于人之知，惟数多寡异耳。

或曰："夫如是，何以言无性也？"曰：凡所谓有性无性，皆使人物归于一体而设之词，庄所谓"道行之而成，物谓之而然"也。谓人有性，物固有性矣；谓物无性，人亦无性矣。然则即推物无知，谓人亦无知，无不可也。今既有知之谓矣，知则出于以太，不生不灭同焉；灵魂者，即其不生不灭之知也。而谓物无灵魂，是物无以太矣，可乎哉？西人论心灵，进穷艳丽之所本，因谓齿角羽毛，华叶附萼，云谲波诡，霞绚星明，凡物皆能自出其光采以悦人。然则其中莫不有至精灵者焉，何复自背其说，谓物无灵魂？故知此必不然矣。

抑彼更有大谬不然者，既知灵魂之后果为天堂地狱，或永苦，或永乐，独不明灵魂之前因为何，求之不得，乃强为之说曰："人皆有罪。"似矣，罪于何起？则又强为之说曰："始祖亚当、夏娃，及历代祖宗所遗之罪。"夫前人之罪，前人实承之，于后人何与？“罪人不孥”，人法犹尔，岂天之仁爱乃不逮人乎？且彼所重者灵魂，而原罪于前人，是又专重体魄矣。体魄为前人所遗，岂灵魂亦前人所遗乎？然则前人之灵魂又何往？若谓转为后人之灵魂，是一性自为轮回，与其教之宗旨不合，与永乐永苦尤不合也。审是，则灵魂亦自有罪而自受之；自无始来，死生流转，曾无休息，复于生体魄不生灵魂之前人何与也？《易》虽有“余庆”“余殃”之说，殆以观型起化言之，所谓余者，庆不一庆、殃不一殃之谓，必非余而遗诸后人矣。乃中国之谈因果，亦辄推本前人，皆泥于体魄，转使灵魂之义晦昧而不彰，过矣！失盖与西人同耳。

泥于体魄，中国一切诬妄惑溺，殆由是起矣。事鬼神者，心事之也，即自事其心也，即自事其灵魂也，而偏妄拟鬼神之体魄，至以土木肖之。土木盛而灵魂愚矣，灵魂愚而体魄之说横矣。风水也，星命也，五行也，壬遁也，杂占杂忌也，凡为祸福富贵利益而为之者，皆见及于体魄而止。

不谓儒之末流，则亦专主体魄以为教。其言曰：“吾所以异于异端者，法度文为，皆自亲而及疏也。彼墨子之兼爱，乱亲疏之言也。”呜呼，墨子何尝乱亲疏哉！亲疏者，体魄乃有之。从而有之，则从而乱之。若夫不生不灭之以太，通天地万物人我为一身，复何亲疏之有？亲疏且无，何况于乱？不达乎此，反诋墨学，彼乌知惟兼爱一语为能超出体魄之上而独任灵魂，墨学中之最合以太者也。不能超体魄而生亲疏，亲疏生分别。分别亲疏，则有礼之名。

自礼明亲疏，而亲疏于是乎大乱。心所不乐而强之，身所不便而缚之。缚则升降拜跪之文繁，强则至诚恻怛之意汩。亲者反缘此而疏，疏者亦可冒此而亲。日糜其有用之精力、有限之光阴，以从事无谓之虚礼。即彼自命为守礼，亦岂不知其无谓，特以习俗所尚，聊伪以将之云耳。故曰：“礼者，忠信之薄，而乱之首也。”夫礼，依仁而著，仁则自然有礼，不待别为标识而刻绳之，亦犹伦常亲疏，自然而有，不必严立等威而苛持之也。礼与伦常皆原于仁，而其究也，可以至于大不仁，则泥于体魄之为害大矣哉！

十五　不生不灭乌乎出

不生不灭乌乎出？曰：出于微生灭。此非佛说菩萨地位之微生灭也，乃以太中自有之微生灭焉。不生不灭，至于佛入涅槃，蔑以加矣。然佛固曰不离师子座，现身一切处，一切入一，一入一切，则又时时从兜率天宫下，时时投胎，时时住胎，时时出世，时时出家，时时成道，时时降魔，时时转法轮，时时般涅槃，一刹那顷，已有无量佛生灭，已有无量众生生灭，已有无量世界法界生灭。求之过去，生灭无始；求之未来，生灭无终；求之现在，生灭息息，过乎前而未尝或住。是故轮回者，不于生死而始有也，彼特大轮回耳。无时不生死，即无时非轮回。

自有一出一处，一行一止，一语一默，一思一寂，一听一视，一饮一食，一梦一醒，一气缕，一血轮，彼去而此来，此连而彼断，去者死，来者又生，连者生，断者又死，何所谓而生，何所谓而死，乃终无能出于生死轮回之外，可哀矣哉！由念念相续而造之使成也。例乎此，则大轮回亦必念念所造成，佛故说三界惟心，又说一切惟心所造。人之能出大轮回与否，则于其细轮回而知之矣；细轮回不已，则生死终不得息，以太之微生灭亦不得息。

庄曰“藏舟于壑，自谓已固，有大力者夜半负之而走”，吾谓将并壑而负之走也。又曰“鸿鹄已翔于万仞，而罗者犹视乎薮泽”，吾谓并薮泽亦一已翔者也。又曰“日夜相代乎前”，吾谓代则无日夜者。又曰“方生方死，方死方生”，吾谓方则无生死也。王船山曰：“已生之天地，今日是也；未生之天地，今日是也。”吾谓今日者即无今日也。皆自其生灭不息言之也。不息故久，久而不息，则暂者绵之永，短者引之长，涣者统之萃，绝者续之亘，有数者浑之而无数，有迹者沟之而无迹，有间者强之而无间，有等级者通之而无等级，人是故皆为所瞒而自以为有生矣。

孔在川上曰：“逝者如斯夫，不舍昼夜。”昼夜即川之理，川即昼夜之形。前者逝而后者不舍，乍以为前，又以居乎后，卒不能割而断之曰孰前孰后也；逝者往而不舍者复继，乍以为继，适以成乎往，卒不能执而私之曰孰往孰继也。可摄川于涓滴，涓滴所以汇而为川；可缩昼夜于瞬息，瞬息所以衍而为昼夜；亦逝而已矣，亦不舍而已矣。非一非异，非断非常，旋生旋灭，即灭即生。生与灭相授之际，微之又微，至于无可微；密之又密，至于无可密。夫是以融化为一而成乎不生不灭，成乎不生不灭，而所以成之之微生灭固不容掩焉矣。

十六　逝者而已矣

今夫我何以知有今日也？比于过去未来而知之。然而去者则已去，来者又未来，又何以知有今日？迨乎我知有今日，则固已逝之今日也。过去独无今日乎？乃谓之曰过去。未来独无今日乎？乃谓之曰未来。今日宜为今日矣，乃阅明日则不谓今日为今日；阅又明日，又不谓明日为今日。日析为时，时析为刻，刻析为分，分析为秒忽，秒忽随生而随灭，确指某秒某忽为今日，某秒某忽为今日之秒忽，不能也。昨日之天地，物我据之以为生，今日则皆灭；今日之天地，物我据之以为生，明日则又灭。不得据今日为生，即不得据今日为灭，故曰：生灭即不生不灭也。

抑尝有悟于梦矣。一夕而已，而梦中所阅历者，或数日，或数月，或数年，或数十年。夫一夕而已，何以能容此？此而能容，当不复醒矣；及其既醒，而数日、数月、数年、数十年者即又何往？庸讵知千万年前之今日非今日之今日？庸讵知千万年后之今日非今日之今日？佛故名之曰：三世一时。三世一时，则无可知也，自以为知有今日，逝者而已矣。

今夫我又何以知有我也？比于非我而知之。然而非我既已非我矣，又何以知有我？迨乎我知有我，则固已逝之我也。一身而有四体五官之分，四体五官而有筋骨血肉之分，筋骨血肉又各有无数之分，每分之质点又各有无数之分，穷其数可由一而万万也。今试言某者是我，谓有一是我，余皆非我，则我当分裂；谓皆是我，则有万万我，而我又当分裂。由胚胎以至老死，由气质流质以成定质，由肤寸之形以抵七尺之干，又由体魂以终于溃烂朽化，转朽变为他物，其数亦由一而万万也。试言某者是我，谓有一是我，余皆非我，则我当分裂；谓皆是我，则有万万我，而我又当分裂。我之往来奔走也，昨日南而今日北。谓我在北，则昨南之我何往？谓我去南，则今北之我又非终于不去。确指南者是我，北者是我，不能也。我之饮食呼吸也，将取乎精英以补我之气与血。然养气也旋化而为炭气，红血也旋变而为紫血；或由九窍而出之，为气，为唾涕，为泗涕，为矢溺，为凝结之物；或由毛孔而出之，为热气，为湿气，为汗，为油，为垢腻；或为须发之脱，或为爪甲之断落。方气血之为用也，曾不容秒忽而旋即谢去，确指某气缕之出入为我，某血轮之流动为我，不能也。以生为我而我倏灭，以灭为我而我固生，可云我在生中，亦可云我在灭中，故曰：不生不灭即生灭也。

抑尝有悟于思矣。谓思在脑，脑之形有量而思无量，或一世界，或数世界，或恒河沙数世界，莫不朗悬目前，了了可辨。夫以无量入有量，有量何往？及所思既倦，而无量又何往？一切众生，并而为我，我不加大；我遍而为一切众生，我不减小；故名之曰一多相容。一多相容，则无可知也；自以为知有我，逝者而已矣。

王船山亦有言："以为德之已得，功之已成，皆其逝焉者也。"夫目能视色，追色之至乎目而色既逝矣；耳能听声，追声之至乎耳而声既逝矣；惟鼻舌身亦复如是。体貌颜色，日日代变，晨起而观，人无一日同也；骨肉之亲，聚处数十年，不觉其异，然回忆数十年前之情景，宛若两人也；则日日生者，实日日死也。天曰生生，性曰存存。继继承承，运以不停，孰不欲攀援而从之哉！而势终处于不及。世人妄逐既逝之荣辱得丧，执之以为哀乐，过驹不留而堕甑犹顾，前者未忘而后者沓至，终其身接应不暇而卒于无一能应，不亦悲乎！

十七　真理为对待所瞒

“一多相容”也，“三世一时”也，此下士所大笑不信也，乌知为天地万物自然而固然之真理乎！真理之不知，乃缘历劫之业力障翳深厚，执妄为真，认贼为子，自扰自乱，自愚自惑，遂为对待所瞒耳。

对待生于彼此，彼此生于有我。我为一，对我者为人，则生二；人我之交，则生三。参之伍之，错之综之，朝三而暮四，朝四而暮三，名实未亏，而喜怒因之。由是大小多寡，长短久暂，一切对待之名，一切对待之分别，淆然哄然。其瞒也，其自瞒也，不可以解矣。然而有瞒之不尽者，偶露端倪，所以示学人以路也。一梦而数十年月也，一思而无量世界也。尺寸之镜，无形不纳焉；铢两之脑，无物不志焉。

西域之技，吐火而吞刀；真人之行，火不热而水不濡。水为流质，则相浮游泳。若处于空，地为圆体，则倒竖横斜，皆可以立。同一空气，忽传声忽传光而不淆也；同一电浪，或传热或传力而不舛也。虚空有无量之星日，星日有无量之虚空，可谓大矣。非彼大也，以我小也。有人不能见之微生物，有微生物不能见之微生物，可谓小矣。非彼小也，以我大也。何以有大？比例于我小而得之；何以有小？比例于我大而得之。然则但有我见，世间果无大小矣。多寡长短久暂，亦复如是。疑以为幻，虽我亦幻也。何幻非真？何真非幻？真幻亦对待之词，不足疑对待也。惊以为奇，而我之能言能动能食能思，不更奇乎？何奇非庸？何庸非奇？庸奇又对待之词，不足惊对待也。

凡此皆瞒之不尽者，而尤以西人格致之学，为能毕发其覆。涨也缩之，微也显之，亡也存之，尽也衍之。声光虚也，可贮而实之；形质阻也，可鉴而洞之。声光化电气重之说盛，对待或几几乎破矣。欲破对待，必先明格致；欲明格致，又必先辨对待。有此则有彼，无独有偶焉，不待问而知之，辨对待之说也。无彼复无此，此即彼，彼即此焉，不必知亦无可知，破对待之说也。辨对待者，西人所谓辨学也，公孙龙、惠施之徒时术之，“坚白异同”之辨曲达之，学者之始基也。由辨学而算学，算学实辨学之衍于形者也；由算学而格致，格致实辨学算学同致于用者也，学者之中成也。格致明而对待破，学者之极诣也。孔子曰：“下学而上达。”未有可以躐等而蹴几，亦何可以中止而自画也。故尝谓西学皆源于佛学，亦惟有西学而佛学可复明于世。彼其大笑而不信，抑又何据而然乎？岂不以眼耳鼻舌身所不及接也？此其愚惑也滋甚。

眼耳鼻舌身所及接者，曰色声香味触五而已。以法界虚空界众生界之无量无边，其间所有必不止五也，明矣。仅凭我所有之五，以妄度无量无边，而臆断其有无，奚可哉？

是故同为眼也，有肉眼，有天眼，有慧眼，有法眼，有佛眼。肉眼见为国土为虚空，天眼或见为海水为地狱，无所见而不异焉。慧眼以上，又各有异。奈何以肉眼所见为可据也！耳鼻舌身亦复如是。即以肉眼肉耳论，有远镜显微镜所见，而眼不及见者焉，又有远镜显微镜亦不及见者焉；有电筒德律风所闻，而耳不及闻者焉，又有电筒德律风亦不及闻者焉。且眼耳所见闻，又非真能见闻也。眼有帘焉，形入而绘其影，由帘达脑而觉为见，则见者见眼帘之影耳，其真形实万古不能见也。岂惟形不得见，影既缘绘而有是，必点点线线而缀之，枝枝节节而累之，惟其甚速，所以不觉其劳倦，迨成为影，彼其形之逝也亦已久矣；影又待脑而知，则影一已逝之影，并真影不得而见也。故至远之恒星，有毁已千万年，而光始达于地者。推光行之速率，至于密迩，亦何莫不然。

耳有鼓焉，声入而肖其响，由鼓传脑而觉为闻，则闻者闻耳鼓之响耳，其真声实万古不能闻也。岂惟声不得闻，响既缘肖而有是，必彼之既终，而此方以为始，惟其甚捷，所以不觉其断续，迨成为响，彼其声之逝也亦已久矣；响又待脑而知，则响一已逝之响，并真响不得而闻也。故雷炮之远发，山谷之徐应，有逾时而声始往返者。推声浪之速率，至于切近，亦何莫不然。

悬虱久视，大如车轮；床下蚁动，有如牛斗。眼耳之果足恃耶否耶？鼻依香之逝，舌依味之逝，身依触之逝，其不足恃，均也。恃五以接五，犹不足以尽五，况无量无边之不止五！彼其大笑而不信，乃欲恃五以接不止五乎？恃五则五寡矣，然恃五又多此五矣。苟不以眼见，不以耳闻，不以鼻嗅，不以舌尝，不以身触，乃至不以心思，转业识而成智慧，然后“一多相容”“三世一时”之真理乃日见乎前。任逝者之逝而我不逝，任我之逝而逝者卒未尝逝。真理出，斯对待不破而自破。

十八　日新与好古

反乎逝而观，则名之曰日新。孔曰“革，去故；鼎，取新”；又曰“日新之谓盛德”。夫善至于日新而止矣，夫恶亦至于不日新而止矣。天不新，何以生？地不新，何以运行？日月不新，何以光明？四时不新，何以寒暑发敛之迭更？草木不新，丰缛者歇矣；血气不新，经络者绝矣；以太不新，三界万法皆灭矣。孔曰改过，佛曰忏悔，耶曰认罪，新之谓也；孔曰不已，佛曰精进，耶曰上帝国近尔矣，新而又新之谓也。则新也者，夫亦群教之公理也。

德之宜新也，世容知之；独何以居今之世，犹有守旧之鄙生，龂龂然曰不当变法，何哉？是将挟其蘔敝惰怯之私，而窒天之生，而扼地之运行，而蔽日月之光明，而乱四时之迭更，而一猕百产万灵之芸芸，不恤亡学亡政亡教，以拗戾乎不生不灭者也。虽然，彼之力又何足以云尔哉？毋亦自断其方生之化机而与于不仁之甚，则终成为极旧极敝一残朽不灵之废物而已矣！

乃彼方诩于人曰“好古”者，是又大惑也已。古而可好，又何必为今之人哉？所贵乎读书者，在得其精意以充其所未逮焉耳；苟以其迹而已，则不问理之是非，而但援事之有无，枭獍四凶，何代蔑有，殆将一一则之效之乎？郑玄笺《诗》“言从之迈”，谓当自杀以从古人，则尝笑其愚；今之自矜好古者，奚不自杀以从古人，而漫鼓其辅颊舌以争乎今也？夫孔子则不然，删《书》则断自唐虞，存《诗》则止乎三百，然犹早岁从周之制作也。晚而道不行，掩涕于获麟，默知非变法不可，于是发愤作《春秋》，悉废古学而改今制，复何尝有好古之云云也？□□□曰：“《论语》第七篇当是《默而》第七，刘歆私改‘默’为‘述’，窜入‘述而不作，信而好古，窃比于我老彭’十四字，以申其古学，篇名遂号《述而》矣。‘我非生而知之者，敏以求之者也’，‘生知’与‘敏求’相反相对，文义自足，无俟旁助；而忽中梗‘好古’二字，语意都不连贯，是亦歆窜矣。”世岂甘为莽歆之奴隶也乎？则好古亦其宜也。□□□曰：“于文从古，皆非佳义，从艸则苦，从木则枯，从艸木则楛，从网则罟，从辛则辜，从攴则故，从□则固，从歹则殆，从疒则痁，从监则盬，从牛则牯，从疒□则痼，从水□则涸；从人则估，估客非上流也；从水为沽，孔子所不食也；从女为姑，姑息之谓细人。”吾不知好古者何去何从也？

欧美二洲，以好新而兴；日本效之，至变其衣食嗜好；亚非澳三洲，以好古而亡。中国动辄援古制，死亡之在眉睫，犹栖心于榛狉未化之世，若于今熟视无睹也者。庄曰：“莫悲于心死，而身死次之。”谥曰至愚，可不谓之大哀！

十九　非静

日新乌乎本？曰：以太之动机而已矣。独不见夫雷乎？虚空洞杳，都无一物，忽有云雨相值，则含两电，两则有正有负，正负则有异有同，异则相攻，同则相取，而奔崩轰訇发焉。宇宙为之掀鼓，山川为之战撼，居者愕眙，行者道仆，懦夫孺子，掩耳而良久不怡，夫亦可谓暴矣。然而继之以甘雨，扇之以和风，雾豁天醒，霾敛气苏，霄宇轩昭，大地澄涤，三辰晶英于上，百汇孚甲振奋于下、蜎飞蠕动，雍容任运而自得，因之而时和，因之而年丰，因之而品汇亨通，以生以成，夫孰非以太之一动，而由之以无极也。斯可谓仁之端也已！

王船山邃于《易》，于有雷之卦，说必加精，明而益微。至“屯”之所以满盈也，“豫”之所以奋也，“大壮”之所以壮也，“无妄”之所以无妄也，“复”之所以见天心也，“震”之所以不丧匕鬯而再则泥也，罔不由于动。天行健，自动也；天鼓万物，鼓其动也；辅相裁成，奉天动也；君子之学，恒其动也；吉凶悔吝，贞夫动也。谓地不动，昧于历算者也。《易》抑阴而扶阳，则柔静之与刚动异也。

夫善治天下者，亦岂不由斯道矣！夫鼎之革之，先之劳之，作之兴之，废者举之，敝者易之，饱食暖衣而逸居，则惧其沦于禽兽；乌知乎有李耳者出，言静而戒动，言柔而毁刚！乡曲之士，给馆粥，察鸡豚，而长养子孙，以之自遁而苟视息焉，固亦术之工者矣；乌知乎学子术焉，士大夫术焉，诸侯王术焉，浸淫而天子亦术焉，卒使数千年来成乎似忠信似廉洁、一无刺无非之乡愿天下！言学术则曰“宁静”，言治术则曰“安静”。处事不计是非，而首禁更张；躁妄喜事之名立，百端由是废弛矣。用人不问贤不肖，而多方遏抑；少年意气之论起，柄权则颓暮矣。陈言者则命之曰“希望恩泽”，程功者则命之曰“露才扬己”。既为糊名以取之，而复隘其途；既为年资以用之，而复严其等。财则惮辟利源，兵则不贵朝气。统政府台谏六部九卿督抚司道之所朝夕孜孜不已者，不过力制四万万人之动，絷其手足，涂塞其耳目，尽驱以入契乎一定不移之乡愿格式。夫群四万万之乡愿以为国，教安得不亡，种类安得而可保也！

呜呼，吾且为西人悲矣！西人以喜动而霸五大洲，驯至文士亦尚体操，妇女亦侈游历，此其崛兴为何如矣。顾哀中国之亡于静，辄曰此不痛不痒顽钝而无耻者也，为危词以怵之，为巽语以诱之，为大声疾呼以警之，为通商以招之，为传教以聒之，为报馆为译书以诲之，为学堂为医院以拯之，至不得已而为兵戈枪炮水雷铁舰以大创之，然而中国则冥然而罔觉，悍然而不顾，自初至终未尝一动也。夫掘冢中枯骨与数百年之陈死人而强之使动！乌可得乎哉！西人方拳拳焉不以自阻，可谓愚矣，故足为悲也。

西人之喜动，其坚忍不挠，以救世为心之耶教使然也。又岂惟耶教，孔教固然矣，佛教尤甚。曰“威力”，曰“奋迅”，曰“勇猛”，曰“大无畏”，曰“大雄”，括此数义，至取象于狮子。言密必济之以显，修止必偕之以观。以太之动机，以成乎日新之变化，夫固未有能遏之者也！论者暗于佛老之辨，混而同之，以谓山林习静而已，此正佛所诋为顽空，为断灭，为九十六种外道，而佛岂其然哉！乃若佛之静也，则将以善其动，而遍度一切众生。更精而言之，动即静，静即动，尤不必有此对待之名，故夫善学佛者，未有不震动奋厉而雄强刚猛者也。

二十　非俭

李耳之术之乱中国也，柔静其易知矣。若夫力足以杀尽地球含生之类，胥天地鬼神之沦陷于不仁，而卒无一人能少知其非者，则曰俭。俭，从人，佥声，凡俭皆佥人也。且夫俭之与奢也，吾又不知果何所据而得其比较，差其等第，以定厥名，曰某为奢某为俭也。

今使日用千金，俗所谓奢矣，然而有倍蓰者焉，有什百千万者焉。奢至于极莫如佛，金刚以为地，摩尼以为坐，种种缨络帝网，种种宝幢宝盖，种种香花衣云，种种饮食胜味，以视世人，谁能奢者？则奢之名不得而定也。今使日用百钱，俗所谓俭矣，然而流氓乞丐，有日用数钱者焉，有掘草根，屑树皮，苟食以待尽，而不名一钱者焉。俭至于极莫如禽兽，穴土栖木以为居而无宫室，毛羽蒙茸以为暖而无衣裘，恃爪牙以求食而无耕作贩运之劳，以视世人，谁能俭者？则俭之名不得而定也。本无所谓奢俭，而妄生分别以为之名，又为之教曰黜奢崇俭，虽唐虞三代之盛，不能辨去此惑，是何异搏虚空以为质，扪飘风而不释者矣。

虽然，无能限多寡以定奢俭，则试量出入以定奢俭。俗以日用千金为奢，使入万金焉，则固不名之奢而名之俭，以其尚储九千于无用之地也；俗以日用百钱为俭，使入不逮百钱，则不名之俭而名之奢，以其聪明才力仅足以及此也。溢则倾之，歉而纳焉，是俭自有天然之度，无待崇也。

且所谓崇俭，抑又矛盾之说也。衣布枲足矣，而遣使劝蚕桑胡为者？岂非导之奢乎？则蚕桑宜禁矣。通有无足矣，而开矿取金银胡为者？岂非示之汰乎？则金银宜禁矣。推此，虽日胶离朱之目，攦工倕之指，犹患不给。凡开物成务，利用前民，励材奖能，通商惠工，一切制度文为，经营区画，皆当废绝。嗟乎！金玉货币与夫六府百产之饶，诚何足撄豪杰之心胸？然而历代圣君贤相贵之重之，何哉？以其为生民之大命也。持筹握算，铢积寸累，力遏生民之大命而不使之流通。今日节一食，天下必有受其饥者；明日缩一衣，天下必有受其寒者。家累巨万，无异穷人，坐视羸瘠盈沟壑，饿殍蔽道路，一无所动于中，而独室家子孙之为计，天下且翕然归之曰俭者美德也。是以奸猾桀黠之资，凭藉高位，尊齿重望，阴行豪强兼并之术，以之欺世盗名焉，此乡愿之所以贼德，而允为佥人之尤矣。

向以为米盐凌杂，鸡豚诟谇，特老媪灶婢之所用心。及泛览于今之士大夫，乃莫不然，宁使粟红贯朽，珍异腐败，终不以分于人，一闻兴作工役，罔不动色相戒惧，以为家之索也。其教诫子弟，必以俭为莫大之宝训，而子弟卒以狂荡破家闻。抑尝观于乡矣，千家之聚，必有所谓富室焉，左右比邻以及附近之困顿不自聊者，所仰而以为生也。乃其刻谿琐啬，弥甚于人，自苦其身，以剥削贫民为务。放债则子巨于母而先取质，粜籴则阴伺其急而厚取利，扼之持之使不得出，及其钳络久之，胥一乡皆为所并吞，遂不得不供其奴役而入租税于一家。《周礼》有保富之文，富而若此，岂堪更保之耶？居无何，乡里日益贫，则流而为盗贼，伺衅劫夺焚杀，富室乃随之煨烬。即幸而不至此，愈俭则愈陋，民智不兴，物产凋窳，所与皆窭人也，已亦不能更有所取，且暗受其销铄。一传而后，产析而薄，食指加繁，又将转而被他人之剥削并吞，与所加乎人者无或异也。转辗相苦，转辗相累，驯至人人俭而人人贫，天下大势遂乃不可以支。《葛屦》《园桃》之刺，诗人有远忧焉。

盖坐此寂寂然一乡而一县而一省，而逋毒于四海，而二万里之地，而四万万之人，而二十六万种之物，遂成为至贫极窘之中国。不惟中国，彼非洲、澳洲及中亚之回族、美洲之土番，印度、巫来由之杂色人，越南、缅甸、高丽、琉球之藩邦，其败亡之由，咸此而已矣。言静者，惰归之暮气，鬼道也；言俭者，龌龊之昏心，禽道也；率天下而为鬼为禽，且犹美之曰静德俭德，夫果何取也！

二一　毋言节流，开源而已

夫岂不知奢之为害烈也，然害止于一身家，而利十百矣。锦绣、珠玉、栋宇、车马、歌舞、宴会之所集，是固农工商贾从而取赢，而转移执事者所奔走而趋附也。楚人遗弓，楚人得之，孔子犹叹其小；刘蓍而遗簪，田妇方且不惜；奈何思垄断天下之财，惄不一散以沾润于国之人也！即使流弊所极，利不胜害，不犹愈于坚握生民之大命，死之于鄙吝猥陋之小夫哉！

然欲求百利而无一害，抑岂无道以处此？必令于富者曰“而瘁而形，而劬而力，而以而有之积蓄而悉以散诸贫无赀者”，则为人情所大难。夫亦孰为必使之散之哉？且将大聚之，在流注灌输之间焉耳。有矿焉，建学兴机器以开之，凡辟山、通道、浚川、凿险咸视此；有田焉，建学兴机器以耕之，凡材木、水利、畜牧、蚕织咸视此；有工焉，建学兴机器以代之，凡攻金、攻木、造纸、造糖咸视此。大富则设大厂，中富附焉，或别为分厂。富而能设机器厂，穷民赖以养，物产赖以盈，钱币赖以流通，己之富亦赖以扩充而愈厚，不惟无所用俭也，亦无所用其施济，第就天地自有之利，假吾力焉以发其覆，遂至充溢溥遍而收博施济众之功。

故理财者慎毋言节流也，开源而已。源日开而日亨，流日节而日困，始之以困人，终必困乎己。犹大旱之岁，土山焦，金石流，惟昼守蹄涔之涓涓，谓可私于己，果可私于己乎？则孰若浚清渠，激洪波，引稽天之泽，苏渺莽之原，人皆蒙惠而己固在其中矣！然而昧者闻之，又将反其实，曰：机器夺民之利。噫！何不观于欧美诸洲而一绳其得失也？今且诘之曰：民之贫也，贫于物产之饶乎，抑贫于物产之绌乎？求富民者，将丰其物产以富之乎，抑耗其物产以富之乎？彼必曰：饶富而耗贫。又诘之曰：百人耕而养一人，与一人耕而养百人，孰为饶，孰为耗？彼必曰：耕一养百者耗，耕百养一者饶。然则机器固不容缓矣。用货之生齿远繁于昔，而出货之疆土无辟于今，其差数无异百之于一也。假而有货焉，百人为之不足，用机器则一人为之有余，是货百饶于人也；一人百日为之不足，用机器则一人一日为之有余，是货百饶于日也。日愈益省，货愈益饶，民愈益富，饶十则富十倍，饶百则富百倍，虽不识九九之人，不待布算之劳，可定其比例矣。

人特患不能多造货物以广民利耳，或造矣而力未逮，或逮矣而时不给。今用机器，则举无虑焉，其为功于民何如哉？称天之德，不过曰造物而已，而曰夺民利，何耶？且所省之人工日工，又将他有所兴造，利源必推行日广，岂有失业坐废之虞？譬之一家焉，伯制器，仲贩运，叔耕以供养，季织以供衣。若用机器助力，伯所制器必加多；用机器运物，仲又舍其贩运而增制机器；机器无衣食之费，叔季初不加其供亿，益将委耕织于机器而增制机器；以视向者所获，不既多乎？

难者又曰：机器兴，物产饶，物价宜廉矣，而欧美反贵者，何也？曰：此机器之所以利民也。小民穷岁月之力，拮据辛劳以成一物，岂不欲多得值哉？而价止于此，此其可哀甚矣。盖物价之贵贱，隐视民命之重轻以为衡。治化隆美之世，民皆丰乐充裕，爱惜生命，不肯多用人力，人亦从而爱惜之焉。故创造一物，即因其力之可贵而贵之，苟或不贵，固不急求售，亦将不复造。且民皆富矣，虽多出值复何吝？然非机器，又何由皆富厚若此？机器兴而物价贵，又以见机器固非夺民利矣。中国之民，至鬻其身以为奴隶，驱使若犬羊，系役类重囚，然尚为美国南洋所迫逐而不遑得食。身且如此，更何论所造之物？此所以虽贱极犹莫能售也。

乃今之策士又曰：中国醇俗庞风为不可及也；工价之廉，用度之俭，足以制胜于欧美，转若重为欧美忧者。嗟乎，此何足异！中国守此不变，不数十年，其醇其庞，其廉其俭，将有食槁壤，饮黄泉，人皆饿殍而人类灭亡之一日。何则？生计绝则势必至于此也。惟静故惰，惰则愚；惟俭故陋，陋又愚。兼此两愚，固将杀尽含生之类而无不足。故静与俭，皆愚黔首之惨术而挤之于死也。夫以欧美治化之隆，犹有均贫富之党，轻身命以与富室为难，毋亦坐拥厚赀者时有褊之心以召之欤？则俭之为祸，视静弥酷矣。

二十二　人人可奢，物物可贵

假赀于人而岁责子金百之一，世必谓之薄息矣；易以月则厚，易以日则愈厚。是犹一与十二与三百六十之比也。执艺于肆，岁成一器，虽获利百之十，世犹谓之贱工矣；易岁以日，富莫大焉，犹十与三百六十之比也。稗贩于千里之外，岁一往还，虽获利十之二，世犹谓之窘贾矣；岁百往还，则猗顿莫尚焉，犹二与百之比也。故夫货财之生，生于时也，时縻货财歉，时啬货财丰，其事相反，适以相成。机器之制与运也，岂有他哉？惜时而已。惜时与不惜时，其利害相去，或百倍，或千倍，此又机器之不容缓者也。时积而成物，物积而值必落，于是变去旧法，别创新物，以新而救积。童子入市，知所抉择焉，而值自上；又有新者，值又上。人巧奋，地力尽，程度谨于国，苦窳绝于市，游惰知所警，精良遍于用。西人售物于中国，则以其脆敝者，云中国喜贱值也。喜贱值由于国贫，国贫由于不得惜时之道，不得惜时之道由于无机器。然则机器兴而物价贵，斯乃治平之一效矣。

治平进而不已，物价亦进而不已。衰国之民，饔飧不给，裋褐不完，虽有精物，无能承受。而不解事之腐儒，乃曰天地生财，止有此数，强聒天下之人，使拂性之本然而相率出于俭，物价自不能违其俭而孤以腾踊。其初以人谋之不臧而诿过于天，其继以窒天生之富有而挟以制人。自俭之名立，然后君权日以尊而货弃于地，亦相因之势然也。一旦衔勒去，民权兴，得以从容谋议，各遂其生，各均其利，杼轴繁而悬鹑之衣绝，工作盛而仰屋之叹消。矿禁弛，谁不轻其金钱？旅行速，谁不乐乎游览？复何有俭之可言哉！

且验之币政，又有然矣。上古之时，以有易无，无所谓币也。风化渐开，始有用贝代币者。今美洲土番，犹有螺壳钱，即中国古时之贝，可为风化初开之证。久之民智愈启，始易以铜，又久之易以银。今西国又进而用金，使风化更开，必将舍金而益进于上。夫治平至于人人皆可奢，则人之性尽；物物皆可贵，则物之性亦尽。然治平至于人人可奢，物物可贵，即无所用其歆羡畔援，相与两忘而咸归于淡泊。不惟奢无所眩耀，而奢亦俭，不待勉强而俭，岂必遏之塞之积疲苦之极，反使人欲横流，一发不可止，终酿为盗贼反叛，攘夺篡弑之祸哉！故私天下者尚俭，其财偏以壅，壅故乱；公天下者尚奢，其财均以流，流故平。

二三　仁于通商

夫财均矣，有外国焉，不互相均，不足言均也，通商之义，缘斯起焉。西人初亦未达此故，以谓通商足以墟人之国，恐刮取其膏血以去，则柴立而毙也。于是有所谓保护税者，重税外人之货以阴拒其来，邻国不睦，或故苛其税，藉以相苦，因谓税务亦足以亡人国也。而其实皆非也。一父有数子，数传之后，将成巨族。西人因详稽夫家之丰耗，每一岁中生死相抵，百人可多一人，使无水旱沴疠兵戈及诸灾眚，不数十年，本国之物产必不能支，将他辟新土；而势处于无可辟，则幸而有外国之货物输入而弥缝之，不啻为吾之外府而岁效其土贡，且又无辟地之劳费，自然之大利无便于此者。故通商者，相仁之道也，两利之道也，客固利，主尤利也。

西人商于中国，以其货物仁我，亦欲购我之货物以仁彼也，则所易之金银将不复持去；然辄持去者，谁令我之工艺不兴，商贾不恤，而货物不与匹敌乎！即令中国长此黰黯，无工艺，无商贾，无货物，又未尝不益蒙通商之厚利也。已既不善制造，愈不能不仰给于人，此其一利矣。彼所得者金银而已，我所得者千百种之货物，货物必皆周于用，金银则饥不可食而寒不可衣，以无用之金银易有用之货物，不啻佣彼而为我服役也，此又一利也。或以为金银即货物，金银竭，货物亦亡。是无矿之国，则可云尔矣。中国之矿，富甲地球，夫谁掣其肘，攡其指，不使其民采之取之，而仅恃已出之支流以塞无穷之漏卮乎？此之不明，而曰以通商致贫，蓄怨毒于外国，不自振奋，而偏巧于推咎，惰者固莫不然也。

夫彼以通商仁我，我无以仁彼，既足愧焉；曾不之愧而转欲绝之，是以不仁绝人之仁。且绝人之仁于我，先即自不仁于我矣。绝之不得，又欲重税以绝之。税固有可重者，徒重税亦乌能绝之哉？英人尝重税麦入矣，卒以大困，旋去其税，惟重税其不切民用者。故凡谓以商务税务取人之国，皆西人之旧学也。彼亡国者，别有致亡之道，即非商与税，亦必亡也。印度、南洋群岛，岂有一可不亡之政哉？阅历久而利害审，今且悉变其说焉。

且夫绝其通商，匪惟理不可也，势亦不行。今之吴楚，古之蛮夷也，自河南、山东视之，俨然一中外也。骤使画江而守，南不至北，北不至南，日用饮食各取于其地，不一往来焉，能乎不能乎？况轮船铁路电线德律风之属，几缩千程于咫尺，玩地球若股掌，梯山航海，如履户阈，初无所谓中外之限，若古之夷夏，更乌从而绝之乎？为今之策，上焉者，奖工艺，惠商贾，速制造，蕃货物，而尤扼重于开矿。庶彼仁我而我亦有以仁彼，能仁人，斯财均而己亦不困矣。次之，力即不足仁彼而先求自仁，亦省彼之仁我。不甘受人仁者，始能仁人；既省彼之仁我，即以舒彼仁我之力而以舒之者仁之矣。不然，日受人之仁，安坐不一报，游惰困穷，至于为人翦灭屠割，揆之上天报施之理，亦有宜然焉耳。夫仁者，通人我之谓也；通商仅通之一端，其得失已较然明白若此。故莫仁于通，莫不仁于不通。

二四　惜时

惜时之义大矣哉！禹惜寸阴，陶侃惜分阴。自天子之万机，以至于庶人之一技，自圣贤之功用，以至于庸众之衣食，咸自惜时而有也。自西人机器之学出，以制以运，而惜时之具乃备。今第即运言之，执途人而语之曰："轮船铁道，可以延年永命，无则短祚促龄。"鲜不笑其妄矣，而非妄也。

有万里之程焉，轮船十日可达，铁道则三四日。苟无二者，动需累月经年，犹不可必至。此累月经年之中，仕宦废其政事，工商滞其货殖，学子荒其艺文，佣走隳其生计，劳人伤于行役，思妇叹于室庭。缅山川之履綦，邈音书而飞越，寒暑异候，盗发不时，此父母兄弟骨肉朋友之亲，死生契阔离别忧悲之什所由作焉。坐此仆仆无所事事之气体，虽生而无所裨生人之业，则生不异于死，是此经年累月之命短焉矣。由此类推，无往而非玩时愒日，即幸而得至百年，无形中已耗其强半。又况军务之不可迟而迟，赈务之不容缓而缓，豪杰散处而无以萃其群，百产弃置而无以发其采，固明明有杀人杀物之患害者矣。有轮船铁路，则举无虑此。一日可兼十数日之程，则一年可办十数年之事；加以电线邮政机器制造，工作之简易，文字之便捷，合而计之，一世所成就，可抵数十世，一生之岁月，恍阅数十年。志气发舒，才智奋起，境象宽衍，和乐充畅，谓之延年永命，岂为诬乎？

故西国之治，一旦轶三代而上之，非有他术，惜时而时无不给，犹一人并数十人之力耳。《记》曰“为之者疾”，惟机器足以当之。夫惜时之效若此，不惜时之害若彼，语曰：“化世之日舒以长，乱世之日促以短。”有具以惜之，与无具以惜之，治乱之大闲，闲于此也。若夫微生灭之倏过乎前，与不生不灭相纬而成世界，因而有时之名，于此而不惜，乾坤或几乎息矣。今不惟不惜，反从而促之：取士则累其科目，用人则困以年资，任官则拘于轮委，治事则繁为簿书，关吏则故多留难，盐纲则抑使轮销，皆使天下惟恐时之不疾驰以去也。嗟乎，时去则岂惟亡其国，将并其种而亡之！抑岂惟存亡为然哉？宣尼大智，至七十而从心；善财凡夫，乃一生而证果。然则惜时之义，极之成佛成圣而莫能外。

二五 心在外不在内

微生灭乌乎始？曰：是难言也。无明起处，惟佛能知，毛道不定，曷克语此？虽然，吾试言天地万物之始：洞然窅然，恍兮忽兮，其内无物，亦无内外。知其为无，则有无矣；知其有无，是亦有矣。俄而有动机焉，譬之于云，两两相遇，阴极阳极，是生两电，两有异同，异同攻取，有声有光，厥名曰“雷”。振微明玄，参伍错综，而有有矣。有有之生也，其惟异同攻取乎？其成也，其惟参伍错综乎？天地万物之始，一泡焉耳。泡分万泡，如熔金汁，因风旋转，卒成圆体。日又再分，遂得此土。遇冷而缩，由缩而干；缩不齐度，凸凹其状，枣暴果暵，或乃有纹，纹亦有理，如山如河。缩疾干迟，溢为洚水；干更加缩，水始归墟。沮洳郁蒸，草蕃虫蜎，璧他利亚，微植微生，螺蛤蛇龟，渐具禽形。禽至猩猿，得人七八。人之聪秀，后亦胜前。恩怨纷结，方生方灭，息息生灭，实未尝生灭。

见生灭者，适成唯识；即彼藏识，亦无生灭。佛与众生，同其不断。忽被七识所执，转为我相；执生意识，所见成相，眼耳鼻舌身，又各有见，一一成相。相实无枉受熏习，此生所造，还入藏识，为来生因。因又成果，颠倒循环，无始沦滔。沦滔不已，乃灼然谓天地万物矣。天地乎，万物乎，夫孰知其在内而不在外乎？虽然，亦可反言之曰：心在外而不在内。是何故乎？曰：心之生也，必有缘，必有所缘。缘与所缘，相续不断。强不令缘，亦必缘空。但有彼此迭代，竟无脱然两释。或缘真，或缘妄，或缘过去，或缘未来；非皆依于真天地万物乎，妄天地万物乎，过去之天地万物乎，未来之天地万物乎？世则既名为外矣，故心亦在外，非在内也。将以眼识为在内乎？眼识幻而色，故好色之心，非在内也。心栖泊于外，流转不停，浸至无所栖泊，执为大苦。偶于色而一驻焉，方以得所栖泊为乐。其令栖泊偶久者，诧以为美，亦愈以为乐。然而既名之栖泊矣，无能终久也。栖泊既厌，又转而之他。凡好色若子女玉帛，若书画，若山水，及一切有形，皆未有好其一而念念不息者，以皆非本心也，代之心也。何以知为代？以心所本无也。推之耳鼻舌身，亦复如是。吾大脑之所在，藏识之所在也。其前有圆洼焉，吾意以为镜，天地万物毕现影于中焉。继又以天地万物为镜，吾现影于中焉。两镜相涵，互为容纳，光影重重，非内非外。

二六 《大学》与唯识学

其谓有始者，乃即此器世间一日一地球云尔，若乃日、地未生之前，必仍为日、地，无始也；日、地既灭之后，必仍为日、地，无终也；以以太固无始终也。以太者，亦唯识之相分。谓无以太可也；既托言以太矣，谓以太有始终不可也。然则识亦无终乎？曰：识者，无始也，有终也。业识转为智慧，是识之终矣。吾闻□□之讲《大学》，《大学》盖唯识之宗也。

唯识之前五识，无能独也，必先转第八识；第八识无能自转也，必先转第七识；第七识无能遽转也，必先转第六识；第六识转而为妙观察智，《大学》所谓致知而知至也。佛之所谓知，意识转然后执识可转，故曰“欲诚其意者”，必“先致其知”，致知藉乎格物；格物致知者，万事之母。孔曰“下学而上达”也。朱紫阳补格致传，实用华严之五教。华严，小教，小学也，非《大学》所用。其四教者，《大学》始教“必使学者即天下之物，莫不因其已知之理而益穷之”，始教也；“以求至乎其极”，终教也；“至于用力之久，而一旦豁然贯通焉”，顿教也；“则众物之表里精粗无不到，而吾心之全体大用，无不明矣”，圆教也。无论何事，要必自格致始，此之谓妙观察智。

第七识转而为平等性智，《大学》所谓诚意而意诚也。佛之所谓执，孔之所谓意。执识转然后藏识可转，故曰：“欲正其心，必先诚其意。”执者，执以为我也，意之所以不诚，亦以有我也。惟平等然后无我，无我然后无所执而名为诚。“所谓诚其意者，毋自欺也”，以我欺我也。“如恶恶臭，如好好色”，当其好恶之诚，不知有我也。“小人闲居为不善，无所不至，见君子而后厌然，揜其不善而著其善”，不惟有我，且有二我也。“人之视己，如见其肺肝然”，灼然见其有我也。欲其无我，必修止观。“君子必慎其独”，孔门之止也。曾子“十目所视，十手所指，其严乎”，孔门之观也。十手十目，佛所谓之千手千眼。千之与十，又何别焉？又以见“人十能之己千之”也，此之谓平等性智。

第八识转而为大圆镜智，《大学》所谓正心而心正也。佛之所谓藏，孔子所谓心。藏识转然后前五识不待转而自转，故曰：“欲修其身者，必先正其心。”心一有所，即不得其正，亦即有不在焉。藏识所以为无覆无记。心正者无心，亦无心所，无在而无不在，此之谓大圆镜智。

前五识转而为成所作智。《大学》所谓修身而身修也。佛之所谓眼耳鼻舌身，孔皆谓之身。孔告颜以四勿，第就视听言动言之，其直截了当如是，可知颜之藏识已转也。藏识转，始足以为仁。“三月不违”，不违大圆镜智也。曰三月者，孔自计观颜之时，至于三月之久也。观之三月之久，不见其违，可信其终不违也。“其余日月至焉”，第七识之我执犹未断也。至若前五识皆转，无所往而非仁，齐家治国平天下不足言也，故“壹是皆以修身为本”，此之谓成所作智。

夫孔子大圣，所谓初发心时，即在正果，本无功夫次第之可言。若乃现身说法，自述历历，亦诚有不可诬者。“十五志学”也者，亦自意诚入手也；“三十而立”，意已一而不纷矣，然犹未断也；“四十不惑”，意诚转为妙观察智矣；“五十知天命”，我执断矣，然犹有天命之见存，法执犹未断也；“六十耳顺”，法执亦断，为平等性智矣；“七十从心所欲不逾矩”，藏识转为大圆镜智矣。转识成智，盖圣凡之所同也。智慧者，孔谓之道心；业识者，孔谓之人心。人心外无道心，即无业识，亦无由转成智慧。王船山曰，“天理即在人欲之中，无人欲则天理亦无从发见”，最与《大学》之功夫次第合；非如紫阳人欲净尽之误于离，姚江满街圣人之误于混也。

且夫《大学》又与四法界合也：格物，事法界也；致知，理法界也；诚意正心修身，理事无碍法界也；齐家治国平天下，事事无碍法界也。夫惟好学深思，六经未有不与佛经合者也，即未有能外佛经者也。

二十七　佛、孔、耶之异同

□□□曰:“三教其犹行星之轨道乎？”佛生最先,孔次之,耶又次之。乃今耶教则既昌明矣，孔教亦将引厥绪焉，而佛教仍晦盲如故。先生之教主，教反后行；后生之教主，教反先行，此何故欤？岂不以轨道有大小，程途有远近，故运行有久暂，而出见有迟速哉！佛教大矣，孔次大，耶为小。小者先行，次宜及孔，卒乃及佛，此其序矣。□□□曰：“佛其大哉，列天于六道，而层累于其上。孔其大哉，立元以统天。耶自命为天已耳，小之，其自为也”。

虽然，其差如此，而其变不平等教为平等则同，三教殆皆源于婆罗门乎？以同一言天，而同受压于天也。天与人不平等，斯人与人愈不平等。中国自绝地天通，惟天子始得祭天。天子既挟一天以压制天下,天下遂望天子俨然一天,虽胥天下而残贼之,犹以为天之所命，不敢不受。民至此乃愚入膏肓，至不平等矣。孔出而变之，删《诗》《书》，订礼乐，考文字，改制度，而一寓其权于《春秋》。《春秋》恶君之专也，称天以治之，故天子诸侯，皆得施其褒贬，而自立为素王。又恶天之专也，称元以治之，故《易》《春秋》皆以元统天。《春秋》授之公羊，故《公羊传》多微旨，然旨微犹或弗彰也；至于佛肸、公山之召而欲往，孔子之心见矣。后儒狃于君主暴乱之法，几疑孔为从逆，而辍遗经大义而不讲，彼乌知君者公位也。庄子曰“时为帝”；又曰“递相为君臣”，人人可以居之；彼君之不善，人人得而戮之，初无所谓叛逆也。叛逆者，君主创之以恫喝天下之名。不然，彼君主未有不自叛逆来者也。不为君主，即詈以叛逆；偶为君主，又谄以帝天。中国人犹自以忠义相夸示，真不知世间有羞耻事矣！夫佛肸、公山之召而欲往，犹民主之义之仅存者也，此孔之变教也。

泰西自摩西造律，所谓十诫者，偏倚于等威名分，言天则私之曰以色列之上帝，而若屏环球于不足道，至不平等矣。耶出而变之，大声疾呼，使人人皆为天父之子，使人人皆为天之一小分，使人人皆有自主之权，破有国有家者之私，而纠合同志以别立天国，此耶之变教也。印度自喀私德之名立，分人为四等，上等者世为君卿大夫士，下等者世为贱庶奴虏，至不平等矣。佛出而变之，世法则曰平等，出世法竟愈出天之上矣，此佛之变教也。三教不同，同于变；变不同，同于平等。

二八　佛、孔、耶三教主之不幸

由前之说，佛其至矣；由后之说，孔佛皆至矣。然而举不足以定其等级也。何也？凡教主之生也，要皆际其时，因其势，量众生之根器，而为之现身说法。故教主之不同，非教主之有等级也。众生所见者，教主之化身也，其法身实一矣。今试断章取义，则《景教流行中国碑》之“强名言兮演三一”，可为三教之判语。乃夫本一而卒不一，则众生之为之，而教主亦会有不幸也。

以《公羊传》三世之说衡之，孔最为不幸。孔之时，君子之法度，既已甚密而孔繁，所谓伦常礼义，一切束缚钳制之名，既已浸渍于人人之心，而猝不可与革，既已为据乱之世，孔无如之何也。其于微言大义，仅得托诸隐晦之辞，而宛曲虚渺，以著其旨。其见于雅言，仍不能不牵率于君主之旧制，亦止据乱之世之法已耳。据乱之世，君统也，后之学者，不善求其指归，则辨上下，陈高卑，懔天泽，定名位，只见其为独夫民贼之资焉矣。

耶次不幸。彼其时亦君主横恣之时也，然而礼仪等差之相去，无若中国之悬绝，有升平之象焉，故耶得伸其天治之说于升平之世而为天统也。然亦为其旧教所囿，无能更出于天之上者也。由今观之，其称阿罗诃天主，则《成唯识论》执一大自在，天之法执也；称灵魂永生，又近外道之神教也。

惟佛独幸，其国土本无所称历代神圣之主，及摩西、约翰、禹、汤、文、武、周公之属，琢其天真，漓其本朴，而佛又自为世外出家之人，于世间无所避就，故得毕伸其大同之说于太平之世而为元统也。夫大同之治，不独父其父，不独子其子；父子平等，更何有于君臣？举凡独夫民贼所为一相钳制束缚之名，皆无得而加诸，而佛遂以独高于群教之上。时然也，势不得不然也，要非可以揣测教主之法身也。教主之法身，一而已矣。□□□曰："三教教主一也，吾拜其一，则皆拜之矣。"斯言也，吾取之。

二九　大盗与乡愿

孔之不幸，又不宁惟是。孔虽当据乱之世，而黜古学，改今制，托词寄义于升平、太平，未尝不三致意焉。今第观其据乱之雅言，既不足以尽孔教矣。况其学数传而绝，乃并至粗极浅者亦为荀学搀杂，而变本加厉，胥失其真乎？孔学衍为两大支：一为曾子传子思而至孟子，孟故畅宣民主之理以竟孔之志；一由子夏传田子方而至庄子，庄故痛诋君主，自尧舜以上，莫或免焉。不幸此两支皆绝不传，荀乃乘间冒孔之名以败孔之道，曰法后王，尊君统，以倾孔学也；曰有治人，无治法，阴防后人之变其法也；又喜言礼乐政刑之属，惟恐钳制束缚之具之不繁也。一传而为李斯，而其为祸亦暴著于世矣。然而其为学也，在下者术之，又疾遂其苟富贵取容悦之心，公然为卑谄侧媚奴颜婢膝而无伤于臣节，反以其助纣为虐者名之曰忠义；在上者术之，尤利取以尊君卑臣愚黔首，自放纵横暴而涂锢天下之人心。

故秦亡而汉高帝术之于上，“从吾游者吾能尊显之”，君主之潜施其饵也；叔孙通术之于下，“今而后知皇帝之贵”，绵蕞之导君于恶也。汉衰而王莽术之于上，竟以经学行篡弑矣；刘歆术之于下，又窜易古经以煽之矣。新蹶而汉光武术之于上，“吾以柔道治天下”，盖渐令其驯扰而己得长踞之焉；桓荣术之于下，“车服，稽古之力也”，挟《尚书》以为稗贩，无所用耻焉。如是者四百年，安得不召三国虎争、五胡汤沸、南北分割之乱哉！

至唐一小康矣，而太宗术之于上，“天下英雄，皆入吾彀中矣”，此其猜忌为何如邪！韩愈术之于下，“君者出令者也，臣者行君之令而致之民者也，民者出粟米麻丝、作器皿、通货财以事其上者也”，竟不达何所为而立君，显背民贵君轻之理，而谄一人以犬马土芥乎天下。至于“臣罪当诛，天王圣明”，乃敢倡邪说以诬往圣，逞一时之谀说，而坏万世之心术，罪尤不可逭矣。

至宋又一小康，而太宗术之于上，修《太平御览》之书，以消磨当世之豪杰；孙复术之于下，造《春秋尊王发微》，以割绝上下之分，严立中外之防，惨鸷刻核，尽窒生民之灵思使不可复动，遂开两宋南北诸大儒之学派，而诸大儒亦卒莫能脱此牢笼，且弥酷而加厉焉。呜呼！自生民以来，迄宋而中国乃真亡矣！天乎，人乎，独不可以深思而得其故乎！

至明而益不堪问，等诸自郐以下可也，虑皆转相授受，自成统绪，无能稍出宋儒之胯下，而一睹孔教之大者。其在上者，亦莫不极崇宋儒，号为洙泗之正传，意岂不曰宋儒有私德大利于己乎？

悲夫，悲夫！民生之厄宁有已时耶！故常以为二千年来之政，秦政也，皆大盗也；二千年来之学，荀学也，皆乡愿也。惟大盗利用乡愿，惟乡愿工媚大盗，二者交相资，而罔不托之于孔。执托者之大盗乡愿而责所托之孔，又乌能知孔哉！

三十　荀学之伦常

方孔之初立教也，黜古学，改今制，废君统，倡民主，变不平等为平等，亦汲汲然动矣。岂谓为荀学者，乃尽亡其精意，而泥其粗迹，反授君主以莫大无限之权，使得挟持一孔教以制天下！彼为荀学者，必以伦常二字诬为孔教之精诣，不悟其为据乱世之法也。且即以据乱之世而论，言伦常而不临之以天，已为偏而不全，其积重之弊，将不可计矣；况又妄益之以三纲，明创不平等之法，轩轾凿枘，以苦父天母地之人。无惑乎西人辄云中国君权太重，父权太重，而亟劝其称天以挽救之，至目孔教为偏畸不行之教也。

由是二千年来君臣一伦，尤为黑暗否塞，无复人理，沿及今兹，方愈剧矣。夫彼君主犹是耳目手足，非有两头四目，而智力出于人也，亦果何所恃以虐四万万之众哉？则赖乎早有三纲五伦字样，能制人之身者，兼能制人之心，如庄子所谓“窃钩者诛，窃国者侯”，田成子窃齐国，举仁义礼智之法而并窃之也。窃之而同为中国之人，同为孔教之人，不可言而犹可言也；奈何使素不知中国，素不识孔教之奇渥温、爱新觉罗诸贱类异种，亦得凭陵乎蛮野凶杀之性气以窃中国，及既窃之，即以所从窃之法还制其主人，亦得从容靦颜，挟持素所不识之孔教以压制素所不知之中国矣，而中国犹奉之如天，而不知其罪！焚《诗》《书》以愚黔首，不如即以《诗》《书》愚黔首，嬴政犹钝汉矣乎！彼为荀学而授君主以权，而愚黔首于死，虽万被戮，岂能赎其卖孔之罪哉！孔为所卖，在天之灵宜如何太息痛恨，凡为孔徒者又宜如何太息痛恨，而竟不一扫荡廓清之耶？

且耶教之初，亦犹是也，其立天国，即予人以自主之权，变去诸不等者以归于平等，犹孔之称天而治也。教未及行，不意罗马教皇者出，即藉耶之说，而私天于己，以制其人。虽国王之尊，任其废立，至舐手吮足以媚之；因教而兴兵者数百，战死数千百万人，犹孔以后君主之祸也。迄路德之党盛，而教皇始蹶，人始睹耶教之真矣。故耶教之亡，教皇亡之也；其复之也，路德之力也。孔教之亡，君主及言君统之伪学亡之也；复之者尚无其人也，吾甚祝孔教之有路德也。

仁学卷下

三一　民贵君轻

君统盛而唐虞后无可观之政矣，孔教亡而三代下无可读之书矣！乃若区玉检于尘编，拾火齐于瓦砾，以冀万一有当于孔教者，则黄梨洲《明夷待访录》其庶几乎！其次为王船山之《遗书》，皆于君民之际有隐恫焉。黄出于陆王，陆王将缵庄之仿佛。王出于周张，周张亦缀邹峄之坠绪。辄有一二闻于孔之徒，非偶然也。若夫与黄、王齐称而名实相反得失背驰者，则为顾炎武。顾出于程朱，程朱则荀学之云礽也；君统而已，岂足骂哉！夫君统有何幽邃之义，而可深耽熟玩，至变易降衷之恒性，变易隆古之学术，至杀其身家，杀其种类，以宛转攀恋于数千年之久，而不思脱其轭耶？

呜呼，盍亦反其本矣。生民之初，本无所谓君臣，则皆民也。民不能相治，亦不暇治，于是共举一民为君。夫曰共举之，则非君择民，而民择君也。夫曰共举之，则其分际又非甚远于民，而不下侪于民也。夫曰共举之，则因有民而后有君。君，末也；民，本也。天下无有因末而累及本者，亦岂可因君而累及民哉？夫曰共举之，则且必可共废之。君也者，为民办事者也；臣也者，助办民事者也。赋税之取于民，所以为办民事之资也。如此而事犹不办，事不办而易其人，亦天下之通义也。

观夫乡社赛会，必择举一长，使治会事，用人理财之权咸隶焉。长不足以长则易之，虽愚夫愿农，犹知其然矣，何独于君而不然？岂谓举之戴之，乃以竭天下之身命膏血，供其盘乐怠傲，骄奢而淫杀乎？供一身之不足，又滥纵其百官，又欲传之世世万代子孙，一切酷毒不可思议之法，由此其繁兴矣。民之俯首帖耳，恬然坐受其鼎镬刀锯，不以为怪，固已大可怪矣，而君之亡犹欲为之死节！故夫死节之说，未有如是之大悖者矣。

君亦一民也，且较之寻常之民而更为末也。民之于民，无相为死之理；本之与末，尤无相为死之理。然则古之死节者，乃皆不然乎？请为一大言断之曰：止有死事的道理，决无死君的道理！死君者，宦官宫妾之为爱，匹夫匹妇之为谅也。人之甘为宦官宫妾，而不免于匹夫匹妇，又何诛焉？夫曰共举之，犹得曰吾死吾所共举，非死君也；独何以解于后世之君，皆以兵强马大力征经营而夺取之，本非自然共戴者乎！况又有满汉种类之见，奴役天下者乎！夫彼奴役天下者，固甚乐民之为其死节矣。

三二　愚忠

一姓之兴亡渺渺乎小哉，民何与哉？乃为死节者，或数万而未已也。本末倒置，宁有加于此者？伯夷叔齐之死，非死纣也，固自言以暴易暴矣，则亦不忍复睹君主之祸，遂一瞑而万世不视耳。且夫彼之为前主死也，固后主之所深恶也，而事甫定，则又祷之祠之，俎豆之，尸祝之，岂不亦欲后之人之为我死，犹古之娶妻者，取其为得詈人也。若夫山林幽贞之士，固犹在室之处女也，而必胁之出仕，不出仕则诛，是挟兵刃搂处女而乱之也。既乱之，又诟其不贞，暴其失节，至为贰臣传以辱之，是岂惟辱其人哉？又阴以吓天下后世，使不敢背去。夫以不贞而失节于人也，淫凶无赖子之于娼妓，则有然矣。始则强奸之，继又防其奸于人也，而幽锢之，终知奸之不胜防，则标著其不当从己之罪，以威其余。夫在弱女子，亦诚无如之何，而不能不任其所为耳；奈何几亿兆智勇材力之人，彼乃娼妓畜之，不第不敢微不平于心，益且诩诩然曰“忠臣忠臣”，古之所谓忠乃尔愚乎？

古之所谓忠，以实之谓忠也。下之事上当以实，上之待下乃不当以实乎？则忠者共辞也，交尽之道也，岂又专责之臣下乎？孔子曰："君君臣臣。"又曰："父父子子，兄兄弟弟，夫夫妇妇。"教主未有不平等者。古之所谓忠，中心之谓忠也。抚我则后，虐我则仇，应物平施，心无偏袒，可谓中矣，亦可谓忠矣。君为独夫民贼，而犹以忠事之，是辅桀也，是助纣也。其心中乎不中乎？呜呼，三代以下之忠臣，其不为辅桀助纣者几希！况又为之掊克聚敛，竭泽而渔，自命为理财，为报国，如今之言节流者，至分为国与为民二事乎？国与民已分为二，吾不知除民之外，国果何有？无惑乎君主视天下为其囊橐中之私产，而犬马土芥乎天下之民也。民既摈斥于国外，又安得少有爱国之忱？何也？于我无与也。继自今，即微吾说，吾知其必无死节者矣。

三三　外患

天下为君主囊橐中之私产，不始今日，固数千年以来矣。然而有知辽金元之罪浮于前此之君主者乎？其土则秽壤也，其人则膻种也，其心则禽心也，其俗则毳俗也；一旦逞其凶残淫杀之威，以攫取中原之子女玉帛，砺猰㺄之巨齿，效盗跖之奸人，马足蹴中原，中原墟矣，锋刃拟华人，华人靡矣，乃犹以为未餍。峻死灰复然之防，为盗憎主人之计，锢其耳目，桎其手足，压制其心思，绝其利源，窘其生计，塞蔽其智术；繁拜跪之仪，以挫其气节，而士大夫之才窘矣；立著书之禁，以缄其口说，而文字之祸烈矣；且即挟此土所崇之孔教，缘饰皮傅，以愚其人，而为藏身之固！悲夫悲夫！王道圣教典章文物之亡也，此而已矣！与彼愈相近者，受祸亦愈烈。

故夫江淮大河以北，古所称天府膏腴，入相出将，衣冠文物之薮泽，诗书藻翰之津涂也，而今北五省何如哉？夫古之暴君，以天下为其私产止矣；彼起于游牧部落，直以中国为其牧场耳，苟见水草肥美，将尽驱其禽畜，横来吞噬。所谓驻防，所谓名粮，所谓厘捐，及一切诛求之无厌，刑狱之酷滥，其明验矣。且其授官也，明明托人以事，而转使之谢恩，又薄其禄入焉。何谢乎？岂非默使其剥蚀小民以为利乎？

虽然，成吉思之乱也，西国犹能言之；忽必烈之虐也，郑所南《心史》记之；有茹痛数百年，不敢言、不敢纪者，不愈益悲乎！《明季稗史》中之《扬州十日记》《嘉定屠城纪略》，不过略举一二事，当时既纵焚掠之军，又严剃发之令，所至屠杀虏掠，莫不如是。即彼准部，方数千里，一大种族也，遂无复乾隆以前之旧籍，其残暴为何如矣。亦有号为令主者焉，及观《南巡录》所载淫掳无赖，与隋炀、明武不少异，不徒鸟兽行者之显著《大义觉迷录》也。台湾者，东海之孤岛，于中原非有害也。郑氏据之，亦足存前明之空号，乃无故贪其土地，攘为己有。攘为己有，犹之可也，乃既竭其二百余年之民力，一旦苟以自救，则举而赠之于人。其视华人之身家，曾弄具之不若。噫！以若所为，台湾固无伤耳，尚有十八省之华人，宛转于刀砧之下，瑟缩于贩贾之手，方命之曰：此食毛践土之分然也。夫果谁食谁之毛？谁践谁之土？久假不归，乌知非有？人纵不言，己宁不愧于心乎？

吾愿华人，勿复梦梦，谬引以为同类也。夫自西人视之，则早岐而为二矣，故俄报有云："华人苦到尽头处者，不下数兆，我当灭其朝而救其民。"凡欧美诸国，无不为是言，皆将藉仗义之美名，阴以渔猎其资产。华人不自为之，其祸可胜言哉！

三四　内不图变法

法人之改民主也，其言曰：“誓杀尽天下之君主，使流血满地球，以泄万民之恨。”朝鲜人亦有言曰：“地球上不论何国，但读宋明腐儒之书，而自命为礼义之邦者，即是人间地狱。”夫法人之学问，冠绝地球，故能唱民主之义，未为奇也。朝鲜亦为是言，岂非君主之祸至于无可复加，非生人所能任受耶？夫其祸为前朝所有之祸，则前代之人既已顺受，今之人或可不较；无如外患深矣，海军熸矣，要害扼矣，堂奥入矣，利权夺矣，财源竭矣，分割兆矣，民倒悬矣，国与教与种将偕亡矣。

唯变法可以救之，而卒坚持不变，岂不以方将愚民，变法则民智；方将贫民，变法则民富；方将弱民，变法则民强；方将死民，变法则民生；方将私其智其富其强其生于一己，而以愚贫弱死归诸民，变法则与己争智争富争强争生，故坚持不变也。究之，智与富与强与生，决非独夫之所任为，彼岂不知之？则又以华人比牧场之水草，宁与之同为畜粉，而贻其利于人，终不令我所咀嚼者还抗乎我。

此非深刻之言也，试征之数百年之行事，与近今政治及交涉。若禁强学会，若订俄国密约，皆毅然行之不疑，其迹已若雪中之飞鸿，泥中之斗兽，较然不可以掩。况东事亟时，决不肯假民以自为战守之权，且曰：“宁为怀愍徽钦，而决不令汉人得志。”固明明宣之语言，华人宁不闻而知之耶？乃犹道路以目，相顾而莫敢先发，曰畏祸也。彼其文字之冤狱凡数十起，死数千百人；违碍干禁书目凡数千百种，并前数代若宋明之书，亦在禁列。文网可谓至密矣，而今则莫敢谁何。故天命去则虐焰自衰，无可畏也。《诗》曰：“上帝临汝，无贰尔心。”武王、周公之呼吸，直通帝座矣。《易》明言“汤武革命，顺乎天而应乎人”，而苏轼犹曰“孔子不称汤武”，真诬说也。至于谓汤武未尽善者，自指家天下者言之，非谓其不当诛独夫也。

以时考之，华人固可以奋矣。且举一事，而必其事之有大利，非能利其事者也。故华人慎毋言华盛顿、拿破仑矣，志士仁人求为陈涉、杨玄感，以供圣人之驱除，死无憾焉。若其机无可乘，则莫若为任侠，亦足以伸民气，倡勇敢之风，是亦拨乱之具也。西汉民情易上达而守令莫敢肆，匈奴数犯边而终驱之于漠北，内和外威，号称一治。彼吏士之顾忌者谁欤？未必非游侠之力也。与中国至近而亟当效法者，莫如日本。其变法自强之效，亦由其俗好带剑行游，悲歌叱咤，挟其杀人报仇之气概，出而鼓更化之机也。儒者轻诋游侠，比之匪人，乌知困于君权之世，非此益无以自振拔，民乃益愚弱而窳败！言治者不可不察也。

三五　湘军之罪

幸而中国之兵不强也，向使海军如英法，陆军如俄德，恃以逞其残贼，岂直君主之祸愈不可思议，而彼白人焉，红人焉，黑人焉，棕色人焉，将为准噶尔，欲尚存噍类焉得乎？故东西各国之压制中国，天实使之，所以曲用其仁爱，至于极致也。中国不知感，乃欲以挟忿寻仇为务，多见其不量，而自窒其生矣。又令如策者之意见，竟驱彼于海外，绝不往来。前此本未尝相通，仍守中国之旧政。伈伈伣伣，为大盗乡愿吞剥愚弄，绵延长夜，丰蔀万劫，不闻一新理，不睹一新法，则二千年由三代之文化降而今日之土番野蛮者，再二千年，将由今日之土番野蛮降而猿狖，而犬豕，而蛙蚌，而生理殄绝，惟余荒荒大陆，若未始生人生物之沙漠而已。夫焉得不感天之仁爱，阴使中外和会，救黄人将亡之种，以脱独夫民贼之鞅轭乎？

远者吾弗具论，湘军之平定东南，此宛宛犹在耳目者矣。洪杨之徒见苦于君官，铤而走险，其情良足悯焉。在西国刑律，非无死刑，独于谋反，虽其已成，亦仅轻系数月而已。非故纵之也，彼其律意若曰：谋反公罪也，非一人数人所能为也。事不出于一人数人，故名公罪。公罪则必有不得已之故，不可任国君以其私而重刑之也。且民而谋反，其政法之不善可知，为之君者，尤当自反。藉曰重刑之，则请自君始。此其为罪，直公之上下耳。奈何湘军乃戮民为义耶？虽洪杨所至颇纵杀，然于既据之城邑，亦未尝尽戮之也。乃一经湘军之所谓克复，借搜缉逋匪为名，无良莠皆膏之于锋刃，乘势淫掳焚掠，无所不至。卷东南数省之精髓，悉数入于湘军，或至逾三四十年无能恢复其元气，若金陵其尤凋惨者矣。中兴诸公，正孟子所谓“服上刑者”，乃不以为罪，反以为功。湘人既挟以自骄，各省遂争慕之，以为可长恃以无败。苟非牛庄一溃，中国之昏梦将终天地无少苏。

夫西人之入中国，前此三百年矣，三百年不骇诧以为奇，独湘军既兴，天地始从而痛绝之；故湘人守旧不化，中外仇视，交涉愈益棘手，动召奇祸；又法令久不变，至今为梗，亦湘军之由也。善夫《东方商埠述要》之言曰：“英人助中国荡平洪、杨，而有识之士，佥谓当日不若纵其大乱，或有人出而整顿政纪，中国犹可焕然一新，不至如今日之因循不振。盖我西国维新之政，无不从民变而起”云云。是则湘军助纣为虐之罪，英人且分任之矣。奈何今之政治家，犹嚣然侈言兵事，岂其肤革坚厚乃逾三尺之钢甲，虽日本以全力创之，曾不少觉辛痛耶？

若夫日本之胜，则以善仿效西国仁义之师，恪遵公法，与君为仇，非与民为敌，故无取乎多杀。敌军被伤者，为红十字会以医之；其被虏者，待和议成而归之。辽东大饥，中国不之恤，而彼反糜巨金泛粟以赈之。且也，摧败中国之军，从不穷追，追亦不过鸣空炮慑之而已。是尤有精义焉。盖追奔逐北，能毙敌十之五六，为至众矣，而其未死者，必鉴于奔败之不免于死，再遇战事，将愤而苦斗以求生；是败卒皆化为精兵，不啻代敌操练矣。惟败之而不杀，侦知走与禽，皆求生之道；由是战者知不战不死，战必不勇，守者知不守不死，守必不坚，民知非与己为敌，必无固志，且日希彼之惠泽。当日本去辽东时，民皆号泣从之，其明征也。嗟乎！仁义之师，所以无敌于天下者，夫何恃？恃我之不杀而已矣。《易》曰："神武不杀。"不杀即其所以神武也。佳兵不祥，盍图之哉！

三六　自屠割其民

中国之兵固不足以御外侮，而自屠割其民则有余。自屠割其民，而方受大爵，膺大赏，享大名，晌然骄倨，自以为大功者，此吾所以至耻恶湘军不须臾忘也。虽然，彼为兵者，亦可谓大愚矣。月得饷银三两余，营官又从而减蚀之，所余无几，内不足以赡其室家，外仅足以殖其生命；而且饥疲劳辱，无所不至，寒凝北征，往往冻毙于道，莫或收恤，其无所赖于为兵如此也。然而一遇寇警，则驱使就死。养之如彼其薄，责之如此其厚，自非丧心病狂生而太愚者，孰能仁为兵矣？迨闻牛庄一役，一战而溃，为之奇喜，以为吾民之智，此其猛进乎！

至于所谓制兵，养虽愈薄，然本不足以备战守，又不足论。且其召募，皆集于临事，非素教之也。敌既压境，始起而夺其农民之耒耜，强易以未尝闻之后膛枪炮，使执以御敌，不聚歼其兵而馈械于敌，夫将焉往？及其死绥也，则委之而去，视为罪所应得。旌恤之典，尽属具文。妻子哀望，莫之过问。即或幸而不死，且尝立功矣，而兵难稍解，遽遣归农，扶伤裹创，生计乏绝。或散于数千里外，欲归不得，沦为乞丐，而杀游勇之令又特严酷。吾初以为游勇者，必其兵勇之逃亡为盗贼者，然不得为盗贼之证也。既乃知不然，即其遣散不得归者也。

今制：获游民，先问其曾充营勇否，曾充营勇，即就地正法，而报上官曰："杀游勇若干人。"上官即遽以为功。所谓游勇者，此而已矣。呜呼，吾今乃知曾充营勇为入于死罪之名！上既召之，乃即以应召者为入于死罪之名，是上以死罪召之也。设陷阱以诱民，从而掩之杀之，以遇禽兽，或尚不忍矣，奈何虐吾华民，果决乃尔乎！

杀游勇之不足，又济之以杀"会匪"。原"会匪"之兴，亦兵勇互相联结，互相扶助，以同患难耳，此上所当嘉予赞叹者。且会也者，生人之公理不可无也，今则不许其公。不许其公，则必出于私，亦公理也。遂乃横被以"匪"之名，株连搜杀，死者岁以万计。往年梅生、李洪同谋反之案，梅生照西律监禁七月，期满仍逍遥海上，而中国长江一带，则血流殆遍。徒自虐民，不平孰甚！况官吏贪于高擢，贱勇涎于厚赏，于是诬陷良民，枉杀不辜，蔑所不有矣。凡此皆所谓阱也。

彼其治天下也，于差役亦斯类也。既召而役使之矣，复贱辱之，蹴踏之，三代不得为良民，著于令甲。且又不唯兵与役之为阱也，其所以待官待士待农待工待商者，繁其条例，降其等差，多为之网罟，故侵其利权，使其前跋后疐，牵制百状，力倦筋疲，末由自振，卒老死于奔走艰蹇，而生人之气，索然俱尽。然后彼君主者，始坦然高枕曰："莫余毒也已。"此其阱天下之故，庄所谓

“游于羿之彀中”。中央者，地也；然而不中者，命也。今也不中者谁欤？君主之祸，所以烈矣。

三七　三纲之为害

君臣之祸亟，而父子夫妇之伦遂各以名势相制为当然矣。此皆三纲之名之为害也。名之所在，不惟关其口使不敢昌言，乃并锢其心使不敢涉想。愚黔首之术，故莫以繁其名为尚焉。君臣之名，或尚以人合而破之。至于父子之名，则真以为天之所合，卷舌而不敢议。不知天合者，泥于体魄之言也，不见灵魂者也。子为天之子，父亦为天之子，父非人所得而袭取也，平等也。且天又以元统之，人亦非天所得而陵压也，平等也。庄曰："相忘为上，孝为次焉。"相忘则平等矣。詹詹小儒，乌足以语此哉？虽然，又非谓相忘者遂不有孝也。法尚当舍，何况非法？孝且不可，何况不孝哉？

夫彼之言天合者，于父子固有体魄之可据矣，若夫姑之于妇，显为体魄之说所不得行，抑何相待之暴也？古者舅姑飨妇，行一献之礼，送爵荐脯，直用主宾相酬酢者处之。诚以付托之重，莫敢不敬也。今则虏役之而已矣，鞭笞之而已矣。至计无复之，辄自引决。村女里妇，见戕于姑恶，何可胜道？父母兄弟，茹终身之痛，无术以援之，而卒不闻有人焉，攘臂而出，昌言以正其义。又况后母之于前子，庶妾之于嫡子，主人之于奴婢，其于体魄皆无关，而黑暗或有过此者乎！三纲之慑人，足以破其胆而杀其灵魂，有如此矣！

《记》曰：“婚姻之礼废，夫妇之道苦。”本非两情相愿，而强合渺不相关之人，絷之终身，以为夫妇，夫果何恃以伸其偏权而相苦哉？实亦三纲之说苦之也。夫既自命为纲，则所以遇其妇者，将不以人类齿。于古有下堂求去者，尚不失自主之权也。自秦垂暴法，于会稽刻石，宋儒炀之，妄为“饿死事小，失节事大”之瞽说，直于室家施申韩，闺闼为岸狱；是何不幸而为妇人，乃为人申韩之，岸狱之！此在常人，或犹有所忌而不能肆；彼君主者，独兼三纲而据其上，父子夫妇之间，视为锥刃地耳。书史所记，更仆难终。今制：伯叔父若从祖祖父，虽朝夕燕见，不能无拜跪，甚至于本生父母，臣之妾之，而无答礼。中国动以伦常自矜异，而疾视外人，而为之君者，乃真无复伦常，天下转相习不知怪，独何欤？

尤可愤者，己则渎乱夫妇之伦，妃御多至不可计，而偏喜绝人之夫妇，如所谓割势之阉寺与幽闭之宫人，其残暴无人理，虽禽兽不逮焉。而工于献媚者，又曲为广嗣续之说，以文其恶。然则阉寺宫人之嗣续，固当殄绝之耶？且广嗣续之说，施于常人且犹不可矣。中国百务不讲，无以养，无以教，独于嗣续，自长老以至弱幼，自都邑以至村僻，莫不视为绝重大之事，急急以图之，何其惑也？徒泥于体魄，而不知有灵魂，其愚而惑，势必至此。向使伊古以来，人人皆有嗣续，地球上早无容人之地矣，而何以为存耶？又况天下者，天下之天下，徒广独夫民贼之嗣续，复奚为也？独夫民贼，固甚乐三纲之名，一切刑律制度皆依此为率，取便己故也。

三八　五伦

五伦中于人生最无弊而有益，无纤毫之苦，有淡水之乐，其惟朋友乎！顾择交何如耳。所以者何？一曰“平等”；二曰“自由”；三曰“节宣惟意”。总括其义，曰不失自主之权而已矣。兄弟于朋友之道差近，可为其次。余皆为三纲所蒙蔽，如地狱矣。上观天文，下察地理，远观诸物，近取之身，能自主者兴，不能者败，公理昭然，罔不率此。伦有五，而全具自主之权者一，夫安得不矜重之乎！且夫朋友者，固统住世出世所不得废也。自孔、耶以来，先儒、牧师所以为教，所以为学，莫不倡学会，联大群，动辄合数千万人以为朋友。盖匪是即不有教，不有学，亦即不有国，不有人，凡吾所谓仁，要不能不恃乎此。

为孔者知之，故背其井里，捐弃其君臣父子夫妇兄弟之伦，而从孔游。其或干禄为宰，离群索居，孔必斥之，甚至罪为“贼夫人之子”，而称“吾与点也”以诱之；及至终不留，睽迸四出，犹咨叹曰：“从我于陈蔡者，皆不及门也。”其惋惜也如此。为耶者知之，故背其井里，捐弃其君臣父子夫妇兄弟之伦，而从耶游。甚至税吏渔师，皆舍其素业，而同归于天国。虽亲死归葬，耶犹不许，曰："听其死人葬死人。"其固结也又如此。然此犹世法也。若夫释迦文佛，诚超出矣，君臣父子夫妇兄弟之伦，皆空诸所有，弃之如无，而独于朋友，则出定入定，无须臾离。说法必与几万几千人俱，必有十方诸佛诸菩萨来会，而己亦不离狮子座，现身一切处，遍往无量无边恒河沙数世界，与诸佛诸菩萨会，往来酬答，曾无休息。甚至如《华严经》所说："虽暂住胎中，而往来聚会说法如故。"此其于朋友何如也？

世俗泥于体魄，妄生分别，为亲疏远迩之名，而末视朋友。夫朋友岂真贵于余四伦而已，将为四伦之圭臬；而四伦咸以朋友之道贯之，是四伦可废也。此非谰言也。其在孔教，臣哉邻哉，与国人交，君臣，朋友也；不独父其父，不独子其子，父子，朋友也；夫妇者，嗣为兄弟，可合可离，故孔氏不讳出妻，夫妇，朋友也；至兄弟之为友于，更无论矣。其在耶教，明标其旨曰："视敌如友。"故民主者，天国之义也，君臣，朋友也；父子异宫异财，父子，朋友也；夫妇择偶判妻，皆由两情相愿，而成婚于教堂，夫妇，朋友也；至于兄弟，更无论矣。其在佛教，则尽率其君若臣与夫父母妻子兄弟眷属天亲，一一出家受戒，会于法会，是又普化彼四伦者，同为朋友矣。无所谓国，若一国；无所谓家，若一家；无所谓身，若一身。

夫惟朋友之伦独尊，然后彼四伦不废自废。亦惟明四伦之当废，然后朋友之权力始大。今中外皆侈谈变法，而五伦不变，则举凡至理要道，悉无从起点，又况于三纲哉！

三九　极纯极广之佛教

西人悯中国之愚于三纲也，亟劝中国称天而治，以天纲人，世法平等，则人人不失自主之权，可扫除三纲畸轻畸重之弊矣。因秘天为耶教所独有，转议孔教之不免有阙漏，不知皆孔教之所已有。大《易》之义，天下地，泰，反之，否；火下水，既济，反之，未济；凡阳下阴、男下女，吉，反之，凶且吝：是早矫其不平等之弊矣。且《易》曰“统天”，曰“先天而天弗违”，殆与佛同乎？是又出于耶教之上。特此土众生根器太劣，不皆闻大同之教。今所流布者，言小康十居七八，犹佛之有小乘有权教，而又窜乱淆夺于乡愿之学派，是以动为彼所持也。今将笼众教而合之，则为孔教者鄙外教之不纯，为外教者即笑孔教之不广，二者必无相从之势也。二者不相从，斯教之大权，必终授诸佛教。

佛教纯者极纯，广者极广，不可为典要，惟教所适。极地球上所有群教群经诸子百家，虚如名理，实如格致，以及希夷不可闻见，为人思力所仅能到，乃至思力所必不能到，无不异量而兼容，殊条而共贯。佛教虽创于印度，而为婆罗门及回教所厄，卒未得遍行，故印度之亡，佛无与焉。据佛书，释迦文佛尝娶三妻，诸大菩萨亦多有妻者，出家乃其一法耳，何尝尽似今日之僧流乎？英士韦廉臣著《古教汇参》，遍诋群教，独于佛教则叹曰：“佛真圣人也。”美士阿尔格特尝纠同志创佛学会于印度，不数年，欧、美各国遂皆立分会，凡四十余处，法国信者尤众；且翕然称之曰“地球上最盛之教，无如耶者；他日耶教衰歇，足以代兴者，其佛乎？”英士李提摩太尝翻译《大乘起信论》，传于其国，其为各教折服如此。日本素以佛教名于亚东，几无不通其说者。近日南条文雄诸人，至分诣绝域，遍搜梵文古经，成梵文会，以治佛学。故日本变法之易，亦因佛教隐为助力，使变动不居，以无胶固执著之见存也。总之，佛教能治无量无边不可说不可说之日球星球，尽虚空界无量无边不可说不可说之微尘世界。尽虚空界，何况此区区之一地球？故言佛教，则地球之教，可合而为一。

由合一之说推之：西人深赞中国井田之法，为能御天灾，尽地利，安土著，平道路，限戎马，均贫富。其治河为纵横方罫之堤，实阴用之而收奇效。故尽改民主以行井田之法，则地球之政，可合而为一。又其不易合一之故，由语言文字万有不齐，越国即不相通，愚贱尤难遍晓；更若中国之象形字，尤为之梗也。故尽改象形字为谐声，各用土语，互译其意，朝授而夕解，彼作而此述，则地球之学可合而为一。

四十　以儒蔽孔教

孔教何尝不可遍治地球哉？然教则是，而所以行其教者则非也。无论何等教，无不严事其教主，俾定于一尊，而牢笼万有；故求智者往焉，求财者往焉，求子者往焉，求寿者往焉，求医者往焉。由日用饮食之身，而成家人父子之天下，寤寐寝兴，靡纤靡巨，人人悬一教主于心目之前，而不敢纷驰于无定，道德所以一，风俗所以同也。中国则不然。府厅州县虽立孔子庙，惟官中学中人乃得祀之；至不堪，亦必纳数十金鬻一国子监生，始赖以骏奔执事于其间。农夫野老，徘徊观望于门墙之外，既不睹礼乐之声容，复不识何所为而祭之，而己独不得一与其盛，其心岂不曰："孔子庙，一势利场而已矣。"如此，又安望其教之行哉！且西人之尊耶稣也，不问何种学问，必归功于耶稣，甚至疗一病，赢一钱，亦必报谢曰："此耶稣之赐也。"附会归美，故耶稣庞然而日大，彼西人乃尔愚哉？事教主之道，固应如此也。

中国之所谓儒，不过孔教中之一端而已。司马迁论六家要指，其微意可知也。而为儒者乃欲以儒蔽孔教，遂专以剥削孔子为务。于治功，则曰“五尺羞称”也；于学问，则曰“玩物丧志”也；于刑名，又以为申、韩刻核；于兵陈，又以为孙、吴惨黩；于果报轮回，又以为异端邪说，皆所不容。孔子之道日削日小，几无措足之地。小民无所归命，心好一事祀一神，甚至一人祀一神，泉石尸祭，草木神丛，而异教乃真起矣。为孔者终不思行其教于民也，汉以后佛遂代为教之，至今日耶又代为教之。为耶者曰：“中国既不自教其民，即不能禁我之代为教。”彼日托于一视同仁，我转无词以拒。岂惟无词以拒，往者诸君子抱亡教之忧，哀号求友，相约建孔子教堂，仿西人传教之法，遍传诸愚贱。某西人闻之曰：“信能如是，吾属教士皆可归国矣。”不悟斯举适与愚黔首之旨背戾，竟遭禁锢。后虽名为开禁，实则止设一空无所有之官书局，徒增一势利场而已矣。

于力不能拒之耶教，则听之，且保护之；于衰微易制之孔教，则禁之，且严绝之。痛哉痛哉！先圣何辜，生民何辜，乃横遭夭阏于独夫民贼之手！其始思压制其人，则谬为崇奉孔教之虚礼，以安反侧；终度积威所劫，已不复能转动，则竟放胆绝其孔教。此其狠毒，虽蝮蛇鸩鸟，奚以逮此！生其间者，反不如汪洋恣肆于异教，转可以行其志矣。

天津有在理教者，最新而又最小。其书浮浅，了无精义，乃剌取佛教、耶教、回教之粗者而为之；然别有秘传，誓不为外人道。吾尝入其教以求之，盖攘佛教“唵嘛呢叭咪吽”六字，借为服气口诀而已，非有他奥巧也。然且从其教者，几遍直隶。非其教主力能尔也，赖有果报轮回诸说，愚夫愚妇辄易听从；又严断烟酒，亦能隐为穷民节不急之费。故不论其教如何，皆能有益于民生，总愈于中国摈弃愚贱于教外，乃至全无教也。

原夫世间之所以有教，与教之所以得行，皆缘民生自有动而必静、倦而思息之性，然后始得迎其机而利导之。人即至野悍，迨于前尘之即谢，往迹之就湮，循所遭遇，未尝不恋恋拳拳。相彼禽族，犹有啁啾之顷者，此也。此而无教以慰藉而启发之，则可哀孰甚焉！《传》曰："饥者易为食，渴者易为饮。"岂为政为然哉？生无教之时，民苦无所系属，任取谁何一妄人所倡至僻陋之教，皆将匍匐往从，不尤可哀乎！虽然，又岂惟愚贱之不教乎！

四一　保国莫捷于学

谈者至不一矣。约而言之，凡三端：曰“学”，曰“政”，曰“教”。学不一，精格致乃为实际；政不一，兴民权乃为实际；至于教则最难言，中外各有所囿，莫能折衷，殆非佛无能统一之矣。言进学之次第，则以格致为下学之始基，次及政务，次始可窥见教务之精微。以言其衰也，则教不行而政敝，政敝而学亡。故言政言学，苟不言教，则等于无用，其政术学术亦或反为杀人之具。

然而求保国之急效，又莫捷于学矣。法之败于普也，师熸君禽，已无存理。普之力，非不能径灭之，然卒与言和者，毕士马克稔知德民之学远不逮法，各有疆域，犹可拒守；若灭之，则浑然一国，形见势绌，莫可遁逃，普其终为法奴役。若安以一女子复其国，夫固法之已事矣。故破其国而不敢有，法人之学为之也。故曰：“保国莫捷于学也。”万国公法，两国开战之时，于学堂、学会、书院、藏书楼、博物院、天文台、医院等，皆视同局外，为炮弹枪子所不至，且应妥为保护。然则其朝廷即不兴学，民间亦当自为之，所以自保也。且朝廷无论如何横暴，终不能禁民使不学。中国之民，惟此权尚能自主，则由此充之，凡已失之权，无不可因此而胥复也。

锢水于锅炉，勿谓水弱也，烈火燔其下，虽针铁百重，而锅炉必为汽裂，涨力之谓也。豫章之木，勾萌于石罅，勿虑无所容也，日以长大，将渐据石所据之地，石且为之崩离，挤力之谓也。惟学亦具此二力。才智日聪，谋虑日宏，声气日通，生计日丰，进无求于人，退无困于己，上而在朝，下而在野，济济盈廷，穆穆布列，皆同于学，即皆为学之所摄。发政施令，直举而措之可也。某某所谓变亦变，不变亦变；某某所谓通亦通，不通亦通；犹意大利之取罗马城也，初不烦兵刃，直置教堂于不闻不睹，任其自生自死焉耳。闵焉则存之，否则去之，无不在我，彼何能为哉？涨力以除旧，挤力以布新，猗欤休哉，而有学也！是以揖让为征诛，揭竿斩木为受箓膺图也；而睊睊思逞，期一泄怨毒于其上者，复何为乎？

且民而有学，国虽亡亦可也。无论易何人为之君，必无敢虐之，直君亡耳。视君亡犹易臧获，于民宁有害焉？故泰西诸国，有此国偶乏其君，乃聘请别国渺不相涉之人以为之君，或竟并数国为一国，如古之英伦三岛，瑞典之于挪威，以及所谓联邦，皆是也。《春秋》之义，天下一家，有分土，无分民。同生地球上，本无所谓国，谁复能此疆尔界，糜躯命以保国君之私产，而国遂以无权。国无权，权奚属？学也者，权之尾闾而归墟也。

四二　机心

以言乎大一统之义，天地间不当有国也，更何有于保？然此非可以一蹴几也。世乱不极，亦末由拨乱反之正。故审其国之终不治也，则莫若速使其乱，犹冀万一能治之者也。且其间亦有劫运焉，虽独夫民贼之罪，要由众生无量生中之业力所感召而纠结。吾观中国，知大劫行至矣，不然，何人心之多机械也！西人以在外之机械制造货物；中国以在内之机械制造劫运。

今之人莫不尚机心，其根皆由于疑忌。乍见一人，其目灼灼然，其口缄默，其舌矫矫欲鼓，其体能卑屈，而其股肱将欲翱翔而攫搏，伺人之瑕隙而踏焉。吁，可畏也！谈人之恶则大乐，闻人之善则厌而怒。以谩骂为高节，为奇士，其始渐失其好恶，终则胥天下而无是非。故今人之论人，鲜不失其真焉。京朝官益以攻击为事，初尚分君子小人之党，旋并君子小人而两攻之。党之中又有党，党之中又自相攻；一人而前后歧出，一时而毁誉矛盾。如釜中虾蟹，嚣然以哄，火益烈，水益热，而哄益甚，故知大劫不远矣。

且观中国人之体貌，亦有劫象焉。试以拟诸西人，则见其委靡，见其猥鄙，见其粗俗，见其野悍。或瘠而黄，或肥而弛，或萎而伛偻，其光明秀伟有威仪者，千万不得一二。或曰：中国人愁困劳苦，喧隘不洁，易生暗疾。向之所见，盖无无病者也，固也。然使既以遭遇攻其外，不更以疑忌巧诈自蠹其中，彼外来之患害犹可祛也，岂非机心之益其疾耶？无术以救之，亦惟以心解之。缘劫运既由心造，自可以心解之。

四三　心力

夫心力最大者，无不可为。惟其大也，又适以召阻险：格致盛而愈多难穷之理，化电盛而愈多难分之质，医学盛而愈多难治之症，算学盛而愈多难解之题，治理盛而愈多难防之弊。道高一尺，魔高一丈，愈进愈阻，永无止息。然反而观之，向使不进，乃并此阻而不可得。是阻者进之验，弊者治之效也。同消同长，道通为一，惟在不以此自阻焉耳。苟畏难而偷安，防害而不敢兴利，动援西国民党之不靖，而谓不当学西法，不知正其治化日进之凭据也。即有小乱，当统千万年之全局观之，徒童窥于一孔，谓头痛当医头，腹痛当医腹，遂弃置全局于不顾，此其心力，诚不足道矣！然而知心力之不可恃，不审心力之所由发，直情径遂，壮趾横行，则将以平机心之心力，转而化为机心。以机愈机，轴轮双转，助劫而已，焉能挽劫哉？

然则如之何？曰盍于一人试之。见一用机之人，先去乎自己机心，重发一慈悲之念，自能不觉人之有机。人之机为我忘，亦必能自忘；无召之者，自不来也。此可试之一二人而立效，使心力骤增万万倍，天下之机心不难泯也。心力不能骤增，则莫若开一讲求心之学派，专治佛家所谓愿力，英士乌特亨立所谓《治心免病法》。合众人之心力为之，亦勿虑学派之难开也。各教教主，皆自匹夫一意孤行而创之者也。盖心力之实体，莫大于慈悲。慈悲则我视人平等，而我以无畏；人视我平等，而人亦以无畏。无畏则无所用机矣，佛一名“大无畏”。其度人也，曰“施无畏”。无畏有五，曰：无死畏，无恶名畏，无不活畏，无恶道畏，乃至无大众威德畏。而非慈悲则无以度之。故慈悲为心力之实体。今夫向人涕泣陈诉，恻怛沉痛，则莫不暂息其机心而哀怜之。彼伪悲而不慈，奚足感人若此，又况以天地民物为无量之大慈悲乎！

四四　自强之策

以心挽劫者，不惟发愿救本国，并彼极强盛之西国，与夫含生之类，一切皆度之。心不公，则道力不进也。故凡教主教徒，不可自言是某国人，当如耶稣之立天国，平视万国，皆其国，皆其民，质言之，曰无国可也。立一法，不惟利于本国，必无损于各国，使皆有利；创一教，不惟可行于本国，必合万国之公理，使智愚皆可授法。以此为心，始可言仁，言恕，言诚，言絜矩，言参天地、赞化育。以感一二人而一二化，则以感天下而劫运可挽也。

今夫西国，岂非所谓极盛强者哉？然以衡诸地球万万年之全运，为人言思拟议所不能及之盛，则犹堆积盈野之茧，特微引其绪耳，乌足为极！且致衰之道亦不一矣。中国、土耳其、阿富汗、波斯、朝鲜，海内所号为病夫者也。英、美、德、法诸国，不并力强革其弊政，以疗其病，则其病将传染于无病之人。而俄罗斯则故曲徇其守旧之意，虚为保护之貌，惟恐他国革其弊政，所以阴弱之。又以自固其君主国之势，又使守旧者感其患，而守旧之国，亦竟深相倚寄。中国则订密约矣；朝鲜寄居其使馆，且授兵柄矣。乘渴而饮以鸩酒，乘饥而饱以漏脯。愚公之愚，固折入于俄而不足惜；彼旁观者，独不虑孙策坐大乎？中国又虐杀回回人，西宁有已降老弱妇孺万余人，镇将邓增一夕尽杀之，而以克复三国关张皇入告。回教切齿，思归俄国。土耳其又虐杀害希腊教人、革雷得岛亚米尼亚人，兵连祸结，数年不息。希腊教人切齿，思归俄国。呜呼！吾将见可杀克之马兵蹂躏欧、亚两洲，而各国宁能无恙耶？即彼两国，亦宁能无物极必反，俱伤而两败耶？地球战祸，殆于不可纪极矣。顾此犹其显而易见者也。若夫各国致衰之由，则不宁惟是。

吾敢断之曰：各国欺陵远、近东病夫之道，即其所以致衰之道。何也？国于天地，必有与立，则信与义，其内治外交之胶粘物也。各国之强盛，罔不由于信义，天下既共闻而共见之矣；不幸独遇所谓病夫者，以信义待之，彼反冥然罔觉，悍然不顾。于是不得已而胁之以威，诈之以术。又不幸胁与诈而果得所欲，且逾其初志焉，将以为是果外交之妙用也已。相习成风，转视信义为迂缓。则以之待病夫者，旋不觉以施诸无病之人。无病之人，不能忍受，别求所以相报。由是相诡相遁，外交之信义亡矣。又相习愈深，以待与国者，旋不觉以施诸国中之人。上下同列，相诡相遁，内治之信义又亡矣。信义不立，其不同为病者与有几？故夫人与己，本非二致；而人心者，又可固不可撄者也。撄之以信义，在有道者观之，犹以为其效必极于不信不义，况撄之以不信不义，其祸胡可言哉！今将挽救之，而病夫者，非是则莫肯率从。甚矣病夫之累人，而各国遭遇之苦，诚有不幸也！

然为各国计，莫若明目张胆，代其革政，若何废其所谓君主，而择其国之贤明者，为之民主，如墨子所谓“选天下之贤者，立为天子”，俾人人自主，有以图存，斯信义可复也。若虑俄国之扰也，则先修欧、亚两洲东西大铁路，东起朝鲜，贯中国、阿富汗、波斯、东土耳其，梁君士但丁峡，达西土耳其，作为万国公路，皆不得侵犯之。按诸地图，此诸病夫者，同在北纬三十度至四十度之间，天若豫为位置，令其土壤成一直线。苟因天之巧，济以人力，以三万余里之铁轨穿为一贯，如牛鼻之有雉，鱼腮之有柳，诸病夫戢戢相依。托余生之于铁路，不致为大力者负之而走，其病亦自向苏，而各国所获铁路之利，抑孔厚矣。俄国西比利亚之铁路成，则东西洋之商旅皆将出于其途。俄之厚，邻之薄也。今修此路，则彼为其弧，此为其弦；远之于近，其利一。彼路长则成功劳，此路短则成效速；难之于易，其利二。彼路长则行李稍淹，此路短则计日加捷；迟之于速，其利三。彼越乌拉岭之南北干山，与铁路正交，此循葱岭之东西干山，与铁路平行；险之于夷，其利四。彼近寒带，天时凛冽，此在温带，天时和煦；寒之于暖，其利五。彼荒寒枯瘠，物产萧寥，此农矿膏腴，物产充牣；歉之于盈，其利六。彼工艺制造，寂然无闻，此商货灌输，日不暇给；僻之于繁，其利七。彼人民野悍，驾驭难周，此人民柔顺，驱使易效；梗之于驯，其利八。彼人少工价昂，此人多工价廉；散之于聚，其利九。彼一国孤撑，此众擎易举；重之于轻，其利十。彼专利于一方，此溥利于万国；私之于公，其利十一。彼以危人之安，此以安人之危；利之于义，其利十二。彼路为众心共疾，此路为群情争向；恶之于好，其利十三。彼路成，适以召天下之兵，此路成，足以定天下之乱；失之于得，其利十四。总此十四利，则彼之借款难，此之招股易；背之于向，其利十五。总此十五利，则彼之偿息多，此之偿息少；疑之于信，其利十六。总此十六利，则彼之成本重，此之成本轻；耗之于省，其利十七。总此十七利，则彼之获利微，此之获利巨；啬之于丰，其利十八。总此十八利，则彼之铁路，十年积虑，尽掷黄金于虚牝，此之铁路，一旦出争，立致青云于顷刻；废之于兴，其利十九。总此十九利，则彼不能以铁路侵人国土，此转欲以铁路致其死命；败之于功，其利二十。且夫弭将发之兵端，保五洲之太平，仁政也；拯垂亡之弱国，植极困之遗黎，义举也；笼总汇之商务，收溢散之利源，智谋也；争棋劫之先着，杜横流之后患，勇功也。以言乎其实，则详于二十；以言乎其名，则略举有四。此盖矗天绝地之勋德，夫何惮而久不为也？

英、法、德、意、奥、和、比、日、葡、瑞、挪、丹、日本，皆以商为国，即皆宜肩此责。而英之商务尤大，尤宜倡首。英见美修万余里之大铁路，遂于加拿大效其所为，修路以与之平行。夫加拿大不及美之土地富厚，犹欲与之争驰，有反乎此者，乃熟视而澹忘之与？美国固素守局外，然此于商务有关，亦何可甘居人后！且华盛顿倡民主于前，林肯复释黑奴于后，义闻宣昭，炳耀寰宇，乘此时攘臂而出，光烈可缵，鼎足成三，不必别为弭兵之费，抑无俟于公断之约，神武睿智，其有取诸！日本《国民杂志》称：由中部亚洲而出扬子江畔为第一好路，不独中国之利，天下亦将享受其便。英伦《泰晤士报》称：俄路既通之后，当通第二条华路，中国一切商务，可由波斯、土耳其而达欧洲，与俄路平行。亦各粗著其端，惜乎未究厥旨；众生业力将消，中外必多同心者矣。

然则中国谋自强，益不容缓矣。名之曰“自强”，则其责在己而不在人，故慎毋为复仇雪耻之说，以自乱其本图也。任彼之轻贱我，欺陵我，我当视为兼弱攻昧，取乱侮亡，彼分内可应为，我不变法，即不应不受。反躬自责，发愤为雄，事在人为，怨尤胥泯，然后乃得一意督责，合并其心力，专求自强于一己。则诋毁我者，金玉我也；干戈我者，药石我也。无事不可借鉴，即随地皆可见功。耶曰“视敌如友”，亦诚有友之益也。《管子》之术“人弃我取”“因祸为福”“转败为功”，斯亦天下之至巧者矣。盖心力之用，以专以一。佛教密宗，宏于咒力，咒非他，用心专耳。故梵咒不通翻译，恐一求其义，即纷而不专。然而必尚传授者，恐自我创造又疑而不专。思之思之，鬼神通之。孔曰：“民可使由之，不可使知之。”殆谓此也。自强者，强自而已矣；知其为自，已觉多此一知，况欲以加乎人哉?

今夫自强之策，其为世俗常谈者，吾弗暇论；论其至要，亦惟求诸己而已矣。行之则王，否则亡。不俟蓍蔡，毅然可决，则曰变衣冠。文化之消长，每于日用起居之繁简得同式之比例。人惟窳惰，不欲兴事，则心无意于求简，而听其繁。苟民智大开，方将经天纬地，酬酢万物之不暇，岂暇事此繁缛之衣冠？繁必滞，简必灵；惟简然后能驭繁。故繁于物者，必先简于己。一定之理，无可移易。吾闻西人之论方言矣：教化极盛之国，其言者必简而轻灵，出于唇齿者为多，舌次之，牙又次之，喉为寡，深喉则几绝焉。发音甚便利，而成言也不劳；所操甚约，而错综可至于无极。教化之深浅，咸率是以为差。此亦繁简之辨也。又闻之法律家矣：头等教化之国，国律时时更改，以趋于便，而变通尽利，斯法为人用，人不至反为法用；其次则有一定之律矣。教化之深浅，咸率是以为差。此又灵滞之辨也。夫于衣冠，又何独不然？既非上衣下裳，而偏为长齐博袖；既非席地屈坐，而偏为跪拜顿首。事之颠倒失理，宁或过此？以士大夫而为此，则犹可言矣；顾农夫之于畎亩，工役之于机器，兵卒之于战阵，佣隶之于趋走，于今之衣冠礼范有不大便者，而亦不闻异其制，何耶？呜呼！

君主之弱天下也，必为甚繁重之礼与俗，使竭毕生之精神，仅足以胜其繁重，而保其身以不戾于时，则天下必无暇分其精力，思与君主抗。积之既久，忘其本始，遂以为理之当然而事之固然，不恤役志于繁重，以自塞锢其聪明。虽祸患在眉睫，亦将不及顾，或语以简便，则反诧为诡异。故中国士民之不欲变法，良以繁重之习，渐渍于骨髓；不变其至切近之衣冠，终无由耸其听闻，决其志虑，而咸与维新也。日本之强，则自变衣冠始，可谓知所先务矣。乃若中国，尤有不可不亟变者，剃发而垂发辫是也。姑无论其出于北狄鄙俗之制，为生人之大不便。

吾试举古今中外所以处发之道，听人之自择焉。处发之道凡四：曰“全发”，中国之古制是也。发受于天，必有所以用之，盖保护脑气筋者也，全而不偏，此其所以长也；而其病则有重膇之累。曰“全剃”，僧制是也。清洁无累，此其所以长也；而其病则无以护脑。曰“半剪”，西制是也。既足以护脑，而又轻其累，是得两利。曰“半剃”，蒙古、鞑靼之制是也。剃处适当大脑，既无以蔽护于前，而长发垂辫，又适足以重累于后，是得两害。孰得孰失，奚舍奚从，明者自能辨之，无俟烦言而解矣。

四五　心力所由显

心力可见否？曰：人之所赖以办事者是也。吾无以状之，以力学家凹凸力之状状之。愈能办事者，其凹凸力愈大。无是力即不能办事。凹凸力一奋动，有挽强持满不能不发之势，虽千万人未能遏之而改其方向者也。

今略举之，约十有八：曰永力，持久不变，如张弓然；曰反力，忽然全变，如弛弓然；曰摄力，挽之使近，如右手控弦然；曰拒力，推之使远，如左手持弓然；曰总力，能任群重，如杠杆之倚点然；曰折力，能分条段，如尖劈之斜面然；曰转力，互易不穷，如滑车然；曰锐力，曲而能入，如螺丝然；曰速力，往来飞疾，如鼓琴而弦颤然；曰韧力，阻制驰散，如游丝之节动然；曰拧力，两矫相违，如绞网而成绳然；曰超力，一瞬即过，如屈钢条而使跃然；曰构力，逆探至隐，如饵钓鱼，时禽时纵然；曰激力，虽异争起，如风鼓浪，乍生乍灭然；曰弹力，骤起击压，无坚不摧，如弩括突矢，突矢贯札然；曰决力，临机立断，自残不恤，如剑锋直陷，剑身亦折然；曰偏力，不低即昂，不令相平，所以居己于重也，如碓杵然；曰平力，不低不昂，适剂其平，所以息物之争也，如悬衡然。

此诸力者，皆能挽劫乎？不能也。此佛所谓生灭心也，不定聚也，自撄撄人，奇幻万变，流衍无穷，愈以造劫。吾哀夫世之所以有机械也，无一不缘此诸力而起。天赋人以美质，人假之以相斗，故才智愈大者，争亦愈大，此凹凸力之为害也。然苟无是力，即又不能办事，宜如之何？曰：何莫并凹凸力而用之于仁。仁之为道也凡四：曰上下通，天交地，泰；不交，否；损上益下，益；反之损是也。曰中外通，“子欲居九夷”，《春秋》大黄池之会是也。曰男女内外通，“子见南子”是也。终括其义，曰人我通。此三教之公理，仁民之所以为仁也。

原夫人我所以不通之故，脑气之动法各异也。吾每于静中自观，见脑气之动，其色甚白，其光灿烂，其微如丝，其体纡曲缭绕，其动法长短多寡有无屡变不定，而疾速不可名言，如云中之电，无几微之不肖，信乎脑即电也。吾初意以为无法之动，继乃知不然。当其万念澄澈，静伏而不可见，偶萌一念，电象即呈，念念不息，其动不止，易为他念，动亦大异。愈念愈异，积之至繁，即又淆浊不复成象矣。于其异念则异动，因知动法皆摹拟乎念，某念即某式，某念变某式，必为有法之动，且有一定之比例。惜其理至赜，牵涉万端，为时太暂，不容一瞬，虽欲详考，其道无由。

昔天文家误以天王海王二星为无法之动，久始察知其外摄力甚杂，运行易致参差。然统计众轨道之全体，仍可驭之入算，列之成图，非无法也。脑气之动，殆正类此。其动者，意识也，大脑之用也；为大脑之体者，藏识也；其使有法之动者，执识也，小脑之体也；为小脑之用者，前五识也。惟睡梦疯癫辄为无法之动，意识未断而执识先断也。执识亦非断尽，即我执未断而法执先断也。大脑明而小脑半昧也，唯识所谓昏沉，举第七识暂断者也。

夫断识本有定序，先意识而后执识，先我执而后法执。今全倒其序，是以成为无法之动也。睡梦者，乃其平日前五识所受之染，深锲其体质品状于大脑之藏识，而小脑司其启闭，使布列井井，条理咸备。法执苟断，是断其小脑之半，故梦中未尝不知有我，以我执犹在也。意识渐从藏识中发露，一一复呈所染于前五识，恍然犹前五识重与之接，因而成梦。其实前五识为小脑之用，小脑既断，则是前五识已断矣。然辄迷离谬悠，凑泊无理，几能别自创一世界，则以无次第整齐之法执也。是以孩提无梦，智识未盛也；愚人无梦，藏识不灵也；至人亦无梦，前五识不受染也：此睡梦之脑气动法也。推之疯癫，亦应如是，惟前五识未断耳。

夫脑气动法既万有不齐，意识乘之，纷纭而起，人与人，地与地，时与时，事与事，无所往而不异，则人我安得有相通之理。凹凸力之为害，即意识之为害也，今求通之，必断意识。欲断意识，必自改其脑气之动法，外绝牵引，内归易简，简之又简以至于无，斯意识断矣。意识断则我相除，我相除则异同泯，异同泯则平等出。至于平等，则洞澈彼此，一尘不隔，为通人我之极致矣。佛氏之言云：“何是山河大地。”孔氏之言曰：“何思何虑？”此其断意识之妙术，脑气所由不妄动而心力所由显，仁矣夫！

四六　众生之业力

天下皆善其心力也，治化之盛当至何等地步？曰：此未易一二言，吾试言其粗浅，则地球之治，必视农学为进退。孟子曰：“天下之生久矣，一治一乱。”夫治而有乱，其必有大不得已之故，而保治之道未善也。大不得已之故，无过人满。地球之面积，无可展拓，而人类之蕃衍，代必倍增，所产不敷所用，此固必乱之道也。今幸轮船铁路，中外尽通，有余不足，互相酌剂，总计荒地正多，即丁口再加百十倍，犹易生活。吾观西国辟地通商，汲汲为殖民政策，而叹其志虑宏远矣。

王船山尝恨两汉史官昧于政体：时承大乱之后，归降动至百万数十万人，其用兵之数，当不止此，皆不农不耒无业游民也；一旦归休，如何安置，如何劳来，还安定集之；又操何术，使有执业，足自给而不为乱，当时至大至难之事宁有过于此者？而史官一字不及，真可谓无识焉耳。于古既无所征，后世遂百思不得其故。曾国藩深慨遣散兵卒之难甚于募练，至于无法以善其后。散勇之溃叛，降人之反覆，不一而足，至今为戒。

试为思一处置之法，则无若迁耕旷土之为得也。是以俄迁波兰人于西比利亚，英迁罪徒于澳洲，各国或迁于非洲，美释黑奴而封之于曲兰斯佛耳为民主国，皆以农政为消纳人口之计；而尤以美封黑奴，称震古铄今之仁政焉。故人满之患，必生于他日之土满也，非真满也。土满之患，必生于居处之不均，垦辟之不讲，亦未能定为真满也。苟统五大洲人土两均，而犹患人满，斯真满矣。斯农之所以贵有学也。地学审形势，水学御旱潦，动植学辨物性，化学察品质，汽机学济人力，光学论光色，电学助光热。有学之农，获数十倍于无学之农。

然竭尽地球之力，则尤不止于此数。使地球之力竭尽无余，而犹不足以供人之食用，则必别为他法，考食用之物为某原质配成，将用各原质化合为物，而不全恃乎农。使原质又不足以供，必将取于空气，配成质料，而不全恃乎物。且将精其医学，详考人之脏腑肢体所以必需食用之故，而渐改其性，求与空气合宜，如道家辟谷服气之法，直可不用世间之物，而无不给矣。

又使人满至于极尽，即不用一物，而地球上骈肩重足犹不足以容，又必进思一法。如今之电学，能无线传力传热，能照见筋骨肝肺，又能测验脑气体用，久之必能去其重质，留其轻质，损其体魄，益其灵魂；兼讲进种之学，使一代胜于一代，万化而不已；必别生种人，纯用智，不用力，纯有灵魂，不有体魄。犹太古初生，先有蠢物，后有灵物；物既日趋于灵，然后集众灵物之灵而为人。今人灵于古人，人既日趋于灵，亦必集众灵人之灵，而化为纯用智纯用灵魂之人。可以住水，可以住火，可以住风，可以住空气，可以飞行往来于诸星诸日，虽地球全毁，无所损害，复何不能容之有？

惟是众生之业力难消，地球之变局日甚：地球由热而冷，由涨而缩，由松而紧，由软而坚，由圆而扁。岁差数十秒，七十余年而差一度，二万余年而复其始。复其始，又不能真复其原点，则积无量二万年，而地球之南北极，与天空之南北极，两相易位。其间之水火海陆，不知凡几经大变，而地球亦有终毁之时。他日之治乱兴衰，诚非人之私意所能逆料，然而极之弥勒下生，维摩病起，人民丰乐，山河如镜，真性如如，充满法界，一切众生，普遍成佛；其未成佛者，舍此世界地球极治之时，必即在地球将毁之时矣。何者？众生之业力消，地球之业力亦消；众生之体魂去，地球之体魄亦去。夫地球亦众生也，亦一度众生者也；地球之不得即毁，众生累之也。

四七　国治而后家齐

地球之治也，以有天下而无国也。庄曰："闻在宥天下，不闻治天下。"治者，有国之义也；在宥者，无国之义也。□□□曰："'在宥'，盖'自由'之转音。"旨哉言乎！人人能自由，是必为无国之民。无国则畛域化，战争息，猜忌绝，权谋弃，彼我亡，平等出；且虽有天下，若无天下矣。君主废，则贵贱平；公理明，则贫富均。千里万里，一家一人。视其家，逆旅也；视其人，同胞也。父无所用其慈，子无所用其孝，兄弟忘其友恭，夫妇忘其倡随。若西书中百年一觉者，殆仿佛《礼运》大同之象焉。

盖国治如此，而家始可言齐矣。然则《大学》言"家齐而后国治，国治而后天下平"，非欤？曰：非也。□□□曰：彼所言者，封建世之言也。封建世，君臣上下，一以宗法统之。天子，大宗也，诸侯、卿大夫皆世及，复各为其宗。民田受之于上，而其上之制禄，亦以农夫所入为差，此龚定盦所以有《农宗》之作也。宗法行，而天下如一家。故必先齐其家，然后能治国平天下。自秦以来，封建久湮，宗法荡尽，国与家渺不相涉。家虽至齐，而国仍不治；家虽不齐，而国未尝不可治；而国之不治，则反能牵制其家，使不得齐。于是言治国者，转欲先平天下；言齐家者，亦必先治国矣。大抵经传所有，此封建世之制，与今日事势，往往相反，明者决知其必不可行。而迂陋之僻儒，辄喜引经据典，伪谈古制，实欲见诸施行，而不悟其不合，良足悼焉。

或曰："天下至平者无天下，国至治者无国，家至齐者无家，无他，轻灭体魄之事，使人人不困于伦常已矣。然世有娼妓者，非伦常，非非伦常，非以困人，亦非不以困人。禁之欤，抑听之欤？"曰：体魄之事尽，则自无娼妓，不待禁也。苟其不尽，虽禁不止。子不见西国乎？治化不为不盛，而娼妓日多，卒无术以禁止之，遂成为五大洲通行之风俗。然而既不能禁，即不能终听之矣。凡官之于民，如家人父子然，见有不善，力能禁，禁之固善；力不能禁，即当引为己任，而与之同其利害，非可闭塞耳目，置诸不理，以不闻不问，苟焉为自洁也。娼妓亦其一事焉。明知万不能禁，则胡不专设一官，经理其事？限定地段，毋与良民杂处；限定名额，宁溢毋隐；洁清其居，毋使致疾；整齐其法，毋使虐待；抽取费用，如保险之利，为在事诸人之薪俸。规条灿然，莫能欺遁，而陷溺者亦自有止境。岂非仁政之大者哉？虽然，以论于中国民事，有更大于此者，尚且隔膜坐视，不加喜戚于心，又况娼妓之区区者耶！

四八　贵知不贵行

难者曰："子陈义高矣，既已不能行，而滔滔然为空言，复奚益乎？"曰：吾贵知不贵行也。知者，灵魂之事也；行者，体魄之事也。孔子曰："知之为知之，不知为不知，是知也"。知亦知，不知亦知，是行有限而知无限，行有穷而知无穷也。且行之不能及知，又无可如何之势也。手足之所接，必不及耳目之远；记性之所至，必不及悟性之广；权尺之所量，必不及测量之确；实事之所肇，必不及空理之精；夫孰能强易之哉？僻儒所患能知而不能行者，非真知也，真知则无不能行矣。教也者，求知之方也。故凡教主教徒，皆以空言垂世，而不克及身行之，且为后世诟詈戮辱而不顾也。耶杀身，其弟子十二人皆不得其死。孔仅免于一身，其弟子七十人，达者盖寡。佛与弟子，皆饥困乞食，以苦行终。此其亡躯命，以先知觉后知，以先觉觉后觉，岂暇问其行不行者！惟摩西、穆罕默德，以权力行其教，君主而已矣，何足为教主？

然则知之与行，孰为贵而孰为贱也？今之谈者，辄曰"吾专言学”，是以学教也。否则曰“吾专言政”，是以政教也。或并明言曰“吾不言教”，是自成为不言教之教也。不言教之教，禅宗所谓不立文字，又谓“运水搬柴，尽是神通妙用”是也。盖教能包政学，而政学不能包教。教能包无教，而无教不能包教。彼诋教者，不知教之大，为天下所不能逃，而刻意欲居于教外，实深堕入乎教中，则何其不知量之甚也！故佛说有云：“谤佛者即是信。”以其既已知有佛矣，不能以谤而自灭其知也。明乎此，复何疑于吾言？

且吾言地球之变，非吾之言，而《易》之言也。《易》冒天下之道，故至赜而不可恶，吾尝闻□□□之论“乾”卦矣，于《春秋》三世之义有合也。《易》“兼三才而两之”，故有两三世；内卦逆而外卦顺。“初九，潜龙勿用”，太平世也，元统也；无教主，亦无君主；于时为洪荒太古，氓之蚩蚩，互为酋长已耳；于人为初生；勿用者，无所可用者也。“九二，见龙在田，利见大人”，升平世也，天统也；时则渐有教主君主矣，然去民尚未远也，故曰在田；于时为三皇五帝，于人为童稚。“九三，君子终日乾乾，夕惕若，厉无咎”，据乱世也，君统也；君主始横肆，教主乃不得不出而剂其平，故词多忧虑；于时为三代，于人为冠婚；此内卦之逆三世也。“九四，或跃在渊，无咎”，据乱世也，君统也；“上不在天，下不在田”，或者试词也；“知其不可为而为之”者，孔子也；于时则自孔子之时至于今日，皆是也，于人则为壮年以往。“九五，飞龙在天，利见大人”，升平世也，天统也；地球群教将同奉一教主，地球群国将同奉一君主；于时为大一统，于人为知天命。“上九，亢龙有悔”，太平世也，元统也；合地球而一教主，一君主，势又孤矣；孤故亢，亢故悔，悔则人人可有教主之德，而教主废；人人可有君主之权，而君主废；于时为遍地民主，于人为功夫纯熟，所谓“从心所欲，不踰矩”也。此外卦之顺三世也。然而犹有迹象也。

至于“用九，见群龙无首，吉”，天德不可为首也。又曰“天下治也”，则一切众生，普遍成佛。不惟无教主，乃至无教；不惟无君主，乃至无民主；不惟浑一地球，乃至无地球；不惟统天，乃至无天；夫然后至矣尽矣，蔑以加矣。呜呼！尊教主者，宁教主之愿也哉？有恶劣之众生，而后有神圣之教主，不愿众生之终于恶劣，故亦不愿教主之长为神圣，此推穷治理，必以无教为极致矣。孔子曰：“天下有道，丘不与易也。”孟子曰：“予岂好辩哉？予不得已也。”夫教主之出现，诚不幸而遇于不得已焉耳。悲夫悲夫！

四九　度人即度己

救人之外无事功，即度众生之外无佛法。然度人不先度己，则己之智慧不堪敷用，而度人之术终穷；及求度己，又易遗弃众生，显与本旨相违，若佛所谓证于实际，堕落二乘矣。然则先度人乎？先度己乎？曰：此皆人己太分之过。谛听！谛听！当如是：知人外无己，己外无人，度人即是度己，度己即是度人。譬诸一身，先度头乎？先度手乎？头亦身之头，手亦身之手，度即并度，无所先后也。若因世俗，强分彼此，则可反言之曰：度己，非度己也，乃度人也；度人，非度人也，乃度己也。

何以言之？今夫空山修证，洁治心源，此世俗所谓度己者也。然心源非己之源也，一切众生之源也。无边海印，万象森罗。心源一洁，众生皆洁。度人孰有大于此者？况四万八千尸虫在己身，己有无数众生，安见己身果己身有耶？故曰："度己，非度己也，乃度人也。"今夫方便施舍，广行善事，此世俗所谓度人者也。然仅能益众生之体魄，聊为小补，众生迷误，则如故也。虽法施广大，宏愿熏习，不难资以他力，要视众生之自力何如，非可人人强之也。由是以谈，度人未能度到究竟，而己之功德则已不可量矣。故曰："度人，非度人也，乃度己也。"尝以此说质之□□，则曰："子前之说是也。后之说谓度人未能度到究竟，亦尚有未尽。今试予人一钱，扶人一步，其为度也微矣。然而由此推之，锲而不舍，极于无量数，终必度到究竟。以度到究竟之因缘，自此而结，度人者勿以善小而不为可矣。"

五十　无一众生得灭度

众生度得尽否？当在何时度尽？曰：时时度尽，时时度不尽。自有众生以来，即各各自有世界。各各之意识所造不同，即各各之五识所见不同。小而言之，同一朗日皓月，绪风晤雨；同一名山大川，长林幽谷；或把酒吟啸，触境皆虚；或怀远伤离，成形即惨：所见无一同者。大而言之，同一文字语言，而仁者见仁，智者见智；同一天下国家，而治者自治，乱者自乱；智慧深，则山河大地，立成金色；罪孽重，则食到口边，都化猛火：所见更无一同者。三界惟心，万法惟识。世界因众生而异，众生非因世界而异。然则世界众生度尽度不尽，亦随众生所见何如耳。

且即其实而言之，佛与众生，同一不增不减之量。谓众生度不尽，则众生将日增；谓众生度尽，则佛将日增。有所增亦必有所减，二者皆非理也。其实佛外无众生，众生外无佛；虽真性不动，依然随处现身；虽流转世间，依然遍满法界。往而未尝生，生而未尝往。一身无量身，一心无量心。一切入一，一入一切。尚何尽不尽之可言哉？是故佛既说“有一小众生不得度者，我誓不成佛”；又说“卒无有一众生得灭度”者，亦尽亦不尽也。《易》言："天下同归而殊途，一致而百虑。”不言殊途同归、百虑一致者，殊则不复同，而不害其为同，固不得强同之矣。百则不复一，而不害其为一，固不得强一之矣。噫嘻，天下之势，其犹川之决乎！一逝而万古不合，此《易》之所以始“乾”而终“未济”也。

附录

谭嗣同传

梁启超

谭君，字复生，又号壮飞，湖南浏阳县人。少倜傥有大志，淹通群籍，能文章，好任侠，善剑术。父继洵，官湖北巡抚。幼丧母，为父妾所虐，备极孤孽苦，故操心危，虑患深，而德慧术智日增长焉。弱冠从军新疆，游巡抚刘公锦棠幕府。刘大奇其才，将荐之于朝；会刘以养亲去官，不果。自是十年，来往于直隶、新疆、甘肃、陕西、河南、湖南、湖北、江苏、安徽、浙江、台湾各省，察视风土，物色豪杰。然终以巡抚君拘谨，不许远游，未能尽其四方之志也。

自甲午战事后，益发愤提倡新学，首在浏阳设一学会，集同志讲求磨砺，实为湖南全省新学之起点焉。时南海先生方倡强学会于北京及上海，天下志士，走集应和之。君乃自湖南溯江下上海，游京师，将以谒先生，而先生适归广东，不获见。余方在京师强学会任记纂之役，始与君相见，语以南海讲学之宗旨，经世之条理，则感动大喜跃，自称私淑弟子，自是学识更日益进。时和议初定，人人怀国耻，士气稍振起。君则激昂慷慨，大声疾呼。海内有志之士，睹其丰采，闻其言论，知其为非常人矣。以父命就官为候补知府，需次金陵者一年，闭户养心读书，冥探孔佛之精奥，会通群哲之心法，衍绎南海之宗旨，成《仁学》一书。又时时至上海与同志商量学术，讨论天下事，未尝与俗吏一相接。君常自谓“作吏一年，无异入山”。

时陈公宝箴为湖南巡抚，其子三立辅之，慨然以湖南开化为己任。丁酉六月，黄君遵宪适拜湖南按察使之命；八月，徐君仁铸又来督湘学。湖南绅士□□□□□□□□□□□等蹈厉奋发，提倡桑梓，志士渐集于湘楚。陈公父子与前任学政江君标，乃谋大集豪杰于湖南，并力经营，为诸省之倡。于是聘余及□□□□□□□等为学堂教习，召□□□归练兵。而君亦为陈公所敦促，即弃官归，安置眷属于其浏阳之乡，而独留长沙，与群志士办新政。于是湖南倡办之事，若内河小轮船也，商办矿务也，湘粤铁路也，时务学堂也，武备学堂也，保卫局也，南学会也，皆君所倡论擘画者，而以南学会最为盛业。设会之意，将合南部诸省志士，联为一气，相与讲爱国之理，求救亡之法，而先从湖南一省办起，盖实兼学会与地方议会之规模焉。地方有事，公议而行，此议会之意也；每七日大集众而讲学，演说万国大势及政学原理，此学会之意也。于时君实为学长，任演说之事。每会集者千数百人，君慷慨论天下事，闻者无不感动。故湖南全省风气大开，君之功居多。

今年四月，定国是之诏既下，君以学士徐公致靖荐被征。适大病不能行，至七月乃扶病入觐，奏对称旨。皇上超擢四品卿衔军机章京，与杨锐、林旭、刘光第同参预新政，时号为军机四卿。参预新政者，犹唐宋之参知政事，实宰相之职也。皇上欲大用康先生，而上畏西后，不敢行其志。数月以来，皇上有所询问，则令总理衙门传旨，先生有所陈奏，则著之于所进呈书之中而已。自四卿入军机，然后皇上与康先生之意始能少通，锐意欲行大改革矣。而西后及贼臣忌益甚，未及十日，而变已起。君之始入京也，与言皇上无权、西后阻挠之事，君不之信。及七月二十七日，皇上欲开懋勤殿设顾问官，命君拟旨，先遣内侍持历朝圣训授君，传上言康熙、乾隆、咸丰三朝有开懋勤殿故事，令查出引入上谕中，盖将以二十八日亲往颐和园请命西后云。君退朝，乃告同人曰："今而知皇上之真无权矣。"至二十八日，京朝人人咸知懋勤殿之事，以为今日谕旨将下，而卒不下，于是益知西后与帝之不相容矣。二十九日，皇上召见杨锐，遂赐衣带诏，有"朕位几不保，命康与四卿及同志速设法筹救"之诏。君与康先生捧诏恸哭，而皇上手无寸柄，无所为计。

时诸将之中，惟袁世凯久使朝鲜，讲中外之故，力主变法。君密奏请皇上结以恩遇，冀缓急或可救助，词极激切。八月初一日，上召见袁世凯，特赏侍郎。初二日复召见。初三日夕，君径造袁所寓之法华寺，直诘袁曰："君谓皇上何如人也？"袁曰："旷代之圣主也。"君曰："天津阅兵之阴谋，君知之乎？"袁曰："然，固有所闻。"君乃直出密诏示之曰："今日可以救我圣主者，惟在足下，足下欲救则救之。"又以手自抚其颈曰："苟不欲救，请至颐和园首仆而杀仆，可以得富贵也。"袁正色厉声曰："君以袁某为何如人哉？圣主乃吾辈所共事之主，仆与足不同受非常之遇，救护之责，非独足下，若有所教，仆固愿闻也。"君曰："荣禄密谋，全在天津阅兵之举，足下及董、聂三军，皆受荣所节制，将挟兵力以行大事。虽然，董、聂不足道也，天下健者惟有足下。若变起，足下以一军敌彼二军，保护圣主，复大权，清君侧，肃宫廷，指挥若定，不世之业也。”袁曰：“若皇上于阅兵时疾驰入仆营，传号令以诛奸贼，则仆必能从诸君子之后，竭死力以补救。”君曰：“荣禄遇足下素厚，足下何以待之？”袁笑而不言。袁幕府某曰：“荣贼并非推心待慰帅者。昔某公欲增慰帅兵，荣曰：‘汉人未可假大兵权。’盖向来不过笼络耳。即如前年胡景桂参劾慰帅一事，故乃荣之私人，荣遣其劾帅而已查办，昭雪之以市恩；既而胡即放宁夏知府，旋升宁夏道。此乃荣贼心计险极巧极之处，慰帅岂不知之？”君乃曰：“荣禄固操莽之才，绝世之雄，待之恐不易易。”袁怒目视曰：“若皇上在仆营，则诛荣禄如杀一狗耳。”因相与言救上之条理甚详。袁曰：“今营中枪弹火药皆在荣贼之手，而营哨各官亦多属旧人。事急矣！既定策，则仆须急归营，更选将官，而设法备贮弹药则可也。”乃丁宁而去，时八月初三夜漏三下矣。至初五日，袁复召见，闻亦奉有密诏云。至初六日变遂发。

时余方访君寓，对坐榻上，有所擘划，而抄捕南海馆（康先生所居也）之报忽至，旋闻垂帘之谕。君从容语余曰：“昔欲救皇上既无可救，今欲救先生亦无可救，吾已无事可办，惟待死期耳。虽然，天下事知其不可而为之，足下试入日本使馆，谒伊藤氏，请致电上海领事而救先生焉。”余是夕宿日本使馆，君竟日不出门，以待捕者。捕者既不至，则于其明日入日本使馆与余相见，劝东游，且携所著书及诗文辞稿本数册家书一箧托焉。曰：“不有行者，无以图将来；不有死者，无以酬圣主。今南海之生死未可卜，程婴杵臼，月照西乡，吾与足下分任之。”遂相与一抱而别。初七八九三日，君复与侠士谋救皇上，事卒不成。初十日遂被逮。被逮之前一日，日本志士数辈苦劝君东游，君不听。再四强之，君曰：“各国变法，无不从流血而成。今中国未闻有因变法而流血者，此国之所以不昌也。有之，请自嗣同始！”卒不去，故及于难。君既系狱，题一诗于狱壁曰：“望门投宿思张俭，忍死须臾待杜根。我自横刀向天笑，去留肝胆两昆仑。”盖念南海也。以八月十三日斩于市，春秋三十有三。就义之日，观者万人，君慷慨神气不少变。时军机大臣刚毅监斩，君呼刚前曰：“吾有一言！”刚去不听，乃从容就戮。呜呼烈矣！

君资性绝特，于学无所不窥，而以日新为宗旨，故无所沾滞；善能舍己从人，故其学日进。每十日不相见，则议论学识必有增长。少年曾为考据笺注金石刻镂诗古文辞之学，亦好谈中国古兵法；三十岁以后，悉弃去，究心泰西天算格致政治历史之学，皆有心得，又究心教宗。当君之与余初相见也，极推崇耶氏兼爱之教，而不知有佛，不知有孔子；既而闻南海先生所发明《易》《春秋》之义，穷大同太平之条理，体乾元统天之精意，则大服；又闻《华严》性海之说，而悟世界无量，现身无量，无人无我，无去无住，无垢无净，舍救人外，更无他事之理；闻相宗识浪之说，而悟众生根器无量，故说法无量，种种差别，与圆性无碍之理，则益大服。自是豁然贯通，能汇万法为一，能衍一法为万，无所罣碍，而任事之勇猛亦益加。作官金陵之一年，日夜冥搜孔佛之书。金陵有居士杨文会者，博览教乘，熟于佛故，以流通经典为己任。君时时与之游，因得遍窥三藏，所得日益精深。其学术宗旨，大端见于《仁学》一书，又散见于与友人论学书中。所著书《仁学》之外，尚有《寥天一阁文》二卷，《莽苍苍斋诗》二卷，《远遗堂集外文》一卷，《劄记》一卷，《兴算学议》一卷，已刻《思纬壹壹台短书》一卷，《壮飞楼治事》十篇，《秋雨年华之馆丛脞书》四卷，《剑经衍葛》一卷，《印录》一卷，并《仁学》皆藏于余处，又政论数十篇见于《湘报》者，乃与师友论学论事书数十篇。余将与君之石交□□□□□□□□□等共搜辑之，为《谭浏阳遗集》若干卷，其《仁学》一书，先择其稍平易者，附印《清议报》中，公诸世焉。君平生一无嗜好，持躬严整，面棱棱有秋肃之气。无子女；妻李闰，为中国女学会倡办董事。

论曰：复生之行谊磊落，轰天撼地，人人共知，是以不论；论其所学。自唐宋以后呫毕小儒，徇其一孔之论，以谤佛毁法，固不足道；而震旦末法流行，数百年来，宗门之人，耽乐小乘，堕断常见，龙象之才，罕有闻者。以为佛法皆清净而已，寂灭而已。岂知大乘之法，悲智双修，与孔子必仁且智之义，如两爪之相印。惟智也，故知即世间即出世间，无所谓净土；即人即我，无所谓众生。世界之外无净土，众生之外无我，故惟有舍身以救众生。佛说：

“我不入地狱，谁入地狱？”孔子曰：“吾非斯人之徒与，而谁与？”“天下有道，丘不与易。”故即智即仁焉。既思救众生矣，则必有救之之条理。故孔子治《春秋》，为大同小康之制，千条万绪，皆为世界也，为众生也，舍此一大事，无他事也。《华严》

之菩萨行也，所谓誓不成佛也。《春秋》三世之义，救过去之众生与救现在之众生，救现在之众生与救将来之众生，其法异而不异；救此土之众生与救彼土之众生，其法异而不异；救全世界之众生与救一国之众生，救一人之众生，其法异而不异：此相宗之唯识也。因众生根器，各各不同，故说法不同，而实法无不同也。既无净土矣，既无我矣，则无所希恋，无所罣碍，无所恐怖。夫净土与我且不爱矣，复何有利害毁誉称讥苦乐之可以动其心乎？故孔子言不忧不惑不惧，佛言大无畏，盖即仁即智即勇焉。通乎此者，则游行自在，可以出生，可以入死，可以仁，可以救众生。

三十自纪

古无集部书。《七略》虽有诗赋，而班氏所叙，仍判赋家歌诗为二，称某赋若干篇，某歌诗若干篇而已。列传中亦第称所著诗赋箴铭颂赞若干篇，初不言集。若夫汉武帝命所忠求相如遗书，魏文帝诏天下上孔融文章，渐昭风轨，犹无集名。自荀况诸集，编题后人；张融《玉海》，标目己意，乃始波颓雾靡，不可胜遏。宋明以还，降而鄙滥，粗了文义，莫不各有专集。精识雅才，所当借鉴其失，何复更效之也。

嗣同少颇为桐城所震，刻意规之数年，久自以为似矣。出示人，亦以为似。诵书偶多，广识当世淹通嫥壹之士，稍稍自惭，即又无以自达。或授以魏晋间文，乃大喜，时时籀绎，益笃耆之。由是上溯秦汉，下循六朝，始悟心好沉博绝丽之文，子云所以独辽辽焉。旧所为，遗弃殆尽，续有论著及弃不尽者，部居无所，仍命为集。亦以识不学之陋，后便不复称集。昔侯方域少喜骈文，壮而悔之，以名其堂。嗣同亦既壮，所悔乃在此不在彼。窃意侯氏之骈文特伪体，非然，正尔不容悔也。所谓骈文，非四六排偶之谓，体例气息之谓也。则存乎深观者，既悔其所为，又悔其成集。子云抑有言，雕虫篆刻，壮夫不为。处中外虎争、文无所用之日，丁盛衰互纽膂力方刚之年，行并其所悔者悔矣，由是自名壮飞。

五岁受书，即审四声，能属对。十五学诗，二十学文，今凡有《廖天一阁文》二卷，《莽苍苍斋诗》二卷，《远遗堂集外文初编》一卷，《续编》一卷，《石菊影庐笔识》二卷，《仲叔四书义》一卷，《谥考前编》二卷，《浏阳谭氏谱》四卷，都十五卷。又《讳学》，翼经也；《史例》，书法也；《谥考正编今编》，名典也；《张子正蒙参两篇补注》，天治也；《王志》，私淑船山也；《浏阳三先生弟子著录》，欧阳、涂、刘也；《思纬壹壹台短书》，甄俗也；《剑经衍葛》，武事也；《楚天凉雨轩怀人录》，思旧也；《寸碧岑楼玩物小记》，耆古也；未成，无卷数，惟《史例》有叙。

同治四年春二月己卯，嗣同生于京师宣武城南孄眠胡同邸第。旋徙库堆胡同，今为浏阳会馆者也。光绪元年春，随任北通州，犹时往京师。三年冬，归湖南，取道天津，浮海径烟台至上海，易舟溯江，径江苏安徽九江至湖北，又易舟仍溯江泛洞庭，溯湘至长沙，陆抵浏阳。四年春，赴甘肃，舟至长沙，易舟流湘泛洞庭，流江径湖北，溯汉至襄阳，陆径洛阳入函谷潼关至陕西。秋，至兰州，回抵秦州。五年夏，归湖南，取道徽县，流嘉陵江至略阳，陆至汉中，流汉至襄阳，易舟仍流汉径湖北，溯江泛洞庭。秋，至长沙，陆抵浏阳。七年秋，游长沙，寻归。八年春，赴甘肃，舟至长沙，易舟流湘泛洞庭，流江径湖北，溯汉至襄阳，又易舟仍溯汉，溯丹至荆紫关，陆径陕西。夏，抵秦州，从行县伏芜。秋，赴兰州，冬返。九年春，赴兰州。十一年春，归湖南，径陕西至龙驹寨，流丹径淅川，流汉至襄阳，易舟仍流汉至湖北，又易舟溯江泛洞庭，溯滨至益阳，又易舟流资溯湘至长沙。夏，陆抵浏阳。秋，赴长沙，寻归。冬，赴甘肃，陆至长沙，流湘泛洞庭，流江径湖北，溯汉至襄阳，易舟仍溯汉，溯丹至荆紫关，陆径陕西。十二年春，抵兰州。十四年夏，归湖南，径陕西至龙驹寨，流丹径淅川，流汉至老河口，易舟仍流汉至沙洋，又易舟至荆州，又易舟溯江，出太平口泛洞庭，流溃溯湘至长沙，陆抵浏阳。秋赴长沙，寻归。冬，赴甘肃，同十一年。十五年春，抵兰州，寻上京师，径陕西，出潼关，渡河径山西，夏抵京师，寻归湖南，同三年。秋，抵浏阳。十六年春，赴湖北，舟至长沙，易舟流湘泛洞庭，流江抵湖北。夏，归湖南。秋返，赴安徽，流江径九江抵安徽，寻返。十七年秋，归湖南，抵长沙，游衡岳，冬返。十九年春，赴芜湖，流江径九江安徽抵芜湖，寻返。夏，上京师，流江径九江安徽江苏至上海，易舟浮海，径烟台至天津，又易舟溯潞至北通州，陆抵京师。秋，返湖北，取道天津，浮海径烟台至上海，易舟溯江，径江苏至安徽，易舟仍溯江，径九江抵湖北。二十年秋，归湖南，抵长沙，陆赴湘乡，寻流链，流湘，返长沙，陆抵浏阳，冬，返湖北。

为此仆仆，迫于试事居多，十年中至六赴南北省试，惟一以兄忧不与试，然行既万有余里矣。合数都八万余里，引而长之，堪绕地球一周。经大山若朱圉、岛鼠、崆峒、六盘、太华、终南、霍山、匡庐无算；小水若泾、渭，漆、沮、浐、灞、洮、潼、澧、蓝、伊、洛、涧、瀍、恒、卫、汾、泌、滹佗、无定、沅、澧、蒸、渌无算；形势胜迹益无算。制情偷惰，未付简毕；退缅游乐，难忘于怀。风景不殊，山河顿异；城郭犹是，人民复非。续此以往，仍有前之升峻远览以写忧，浮深纵涉以骋志，哀鸣箫于凌霞，翼叠鼓于华辨者乎？不敢知也。聊复登录，识一时欣遇，云补游记焉尔。

东海褰冥，厥系孔多；姓嬴氏谭，作浏于家；乃名嗣同，锡由俶蠧；死而复生，字余维嘉。复子自目，聊欲婆献；复思复思，罘罳是仪；径言复复，故旧谧诶；马永卿《懒真子》，唐《中兴颂》，复复指期，引《匡衡传》所更或不可行而复复之，又何武为九卿奏言宜置三公官，又与翟方进共奏罢刺史置甘州牧，后皆复复故为证。日通眉生，卫诗匹蚁。辰在轧纽，维吾则讹；核理达艺，笃念编摩；隶首竖亥，摘洛钩河；博弈角抵，钟律鸟蝌。典坟莫莫，篇章峨峨；妄心驺吾，渺思鸾鉌；孰是不类，变乱骈苛；屿属渚族，瀺灂谰诧。瘈噬京周，滂佗泣嗟；触藩羸角，行棘荷戈；豫章之蠹，不拨奚为；焦冥嬉巢，蝨縻掌挝。川蟹不归，鬗独逢罹；反袂告绝，凄矣其歌。

壮飞楼治事十篇

第一　释名

治事者何？无事而思事治也。无事曷言乎事治？发于至性之不容已也。曰庶几焉尔，事何以治？治于实。而今且委其系于名，天下皆惧名，吾乃不敢言名。则甚矣名之为状也无朕，而震骇人，至易荧也。庄曰："朝三暮四，朝四暮三。非指喻指，非马喻马，寓言十九，卮言日出。"迮而观之，鲜不以为童窥而婴戏，而人情亦卒不能不转移于是。呜呼！实则犹是也，名小异耳，而人情亦卒不能不转移于是。是可以识治事之道矣。

今夫翘希世之瑰宝以示野人曰："汝盍往取是。"则色然喜。或曰："瓦砾也。"则又废然返。其实未始或异，而缘于名以为忻厌，野人之无识者然也。

自中外开通以后，因俗人呼海为洋，于是有洋务之名。凡一切来自他国者，与本国所有而少新颖者，悉以洋字冠之。浸淫既久，遂失其本义，而流为弹诋詈辱之名。其实了无所谓洋务，皆中国应办之实事。为抵御他国计在此，即不为他国，亦不能竟废此也。世顾诬以洋务也，而惊疑之，唾弃之。曰："夷也夷也。"一夫倡之，千夫和之，流衍无极，锢蔽无终。及究其所惊疑而唾弃者，甚且不自知为何等事，特掠闻其名而已矣。然则苟易一名，不将背其朔而更为取舍乎哉！南海康工部以《新学伪经考》为一世所排，几构奇祸。嗣同常谓之曰："排君者何尝读君子之书哉！特眩于'伪经'二字，遂诋为非圣耳。向使不名伪经考，而名真经考，必皆相率而奉之矣。"又"会"之一字，迂儒所大忌也，然农学会则或相忘而和之。朱强父曰："彼仅睹农学二字诧为务本，遂忘其下尚有一'会'字。"悲夫！今世之号称儒者之脑气筋，其繁简之数，大略在非、澳之间，虽少有知觉而不甚完备。闻一言，见一事，知十遗五，挂一漏万，此失彼，日不暇给，又复矜其名，不察其实。故谬陋犷悍，颠倒可笑，至于如此。

吾是以痛夫世之为名敝也，将以实救之。以实则一切不为其名，惟择其于今可行者著焉。名之为祸也，徒使同类操戈，苦争斗，而明授人以可乘之隙。骊山议瓜之祸，久为炯戒，无待论矣。昔某公率军与石达开遇，石索战，某寓书劝降。石答书逾万言，词旨激越，行文颇复修饬。某谓其可以文词动也，更以书抵之。日盼其答，不复为备，已而杳然。忽一骑兵摩垒呼曰："复书至矣！"急开壁，则铁骑直冲，万弩齐发，某遂大败，仅以身免。夫火然及眉睫，存亡在呼吸，岂从容辩论、空言相胜之时哉！袖刃而旁笑，何时无其人？吾尤为争孔子改制、文王受命称王者惧也。

第二　辨实

耳目之所构接，口鼻之所摄受，手足之所持循，先所往而非实者。即彼流质气质，以至太虚洞窅之际，莫不皆有实理实物。此理精奥难言，惟一空字足以释之。实到极处，所以空到极处。佛法有有门，复有空门，二者并行不悖，职此故也。曩与某文士论空，辄拾西人之唾余，横来谤语，彼乌知佛法之大，固无所不包涵也。故欲祛名之弊，亦惟有务实而已矣，不当别为名以益其敝也。

今之言变法者，固不得谓非实事，然法终不变，即实事亦何异于空言。是故能变法，上也，即不变，亦当筹一办法。今之有位，岂不曰不变法，夫何能为？然苟变法，抑又无难为矣。特是河清乌白，宁复垂老之国所及待耶？且管子曰："人弃我取，反败为功。"安见已敝之法，不可以有为而不变者，乃为无形之变耶？吾即今日之法，程其功，责其效，求其无变法之名，而有变法之实，则又未始不可以有为也。

第三　学会

天下而无学会之名也，吾又奚敢为此名，以撄天下？幸而强学会虽禁，而自余之学会，乃由此而开。湖南校经堂学会，且成奏案矣。大哉学会乎！所谓无变法之名，而有变法之实者，此也。黄种以之而灵，中国以之而存，孔教以之而明。

今有孤翔之鸟，则命之曰穷鸟；今有独处之士，宁不谓之穷士乎？何也？不讲论，则其智不启也；不观摩，则其业不进也；不熏习，则其德不固也；不比较，则其力不奋也；不通力合作，则其所造有限而为程无尽也。物不相摩荡，则热不生。惟人亦然，不相会聚，则满腔热血，亦渐就冷矣。热之与冷，乃活人死人之所由辨也。而可不慎乎？

士会于庠而士气扬，农会于疆而农业昌，工会于场而工事良，商会于四方而商利孔长。各以其学而学，即互以其会而会。力小，会二三人；力大，会千万人。人人可以自致，处处可以见功，夫何惮而久不为也？会成而学成，近之中国，远之五洲。挈其短长，权其利弊；孰得孰失，奚去奚从；菁华苍萃，终朝可定。于是无变法之名，而有变法之实。

第四　通情

事之所以不治，有为之隔者也。君与臣隔，大臣与小臣隔，官与绅隔，绅与士隔，士与民隔；而官与官，绅与绅，士与士，民与民，又无不自相为隔。西人谓中国二十三行省，各不相通，无异二十三国。不知一国之中，又复分为无数国。譬如一幅美锦，既条条裂之，复寸寸磔之。其存焉者与有几！

言治者有鉴于此，于是竞言通情。通之自上，通之自下；通之以言词歌泣，通之以笙簧酒醴。用力非不勤，而卒于罔效。岂通情乃尔其难哉？亦未得其道，而乌合兽散，无会焉以为之联系也。有会则必先有学，若农学，若工学，若商学，若矿学，若医学，若凡天地化电图算格致诸学，无一不当有会，而统之于总学会与分学会。

今请于行省设总学会，督抚学政，身入会以为之倡；府厅州县设分学会，其地方官学校官，身入会以为之倡；分学会受成于总学会。或其地僻陋不知学，亦不妨姑设一会，徐与讲求，凡会悉以其地之绅士领之，分学会各举其绅士人总学会，总学会校其贤智才辩之品第以为之差。官欲举某事，兴某学，先与学会议之，议定而后行。议不合，择其说多者从之。民欲举某事，兴某学，先上于分学会，分学会上总学会，总学会可则行之。官询察疾苦，虽远弗阂也；民陈诉利病，虽微弗遏也；一以关捩于学会焉。有大事则上下一心，合群策群力以举之。疏者以亲，滞者以达，塞者以流，离者以合，幽者以明，羸者以强。又多出报章，导之使言，毋令少有壅蔽。大吏罔敢骄横，小吏罔敢欺诈，兴利除弊，罔不率此，官民上下，若师之于徒，兄之于弟。虽求其情之不通，不可得也。于是无议院之名，而有议院之实。

第五　平权

中国之官之尊也，仰之如鬼神焉。平等亡，公理晦，而一切惨酷蒙蔽之祸，斯萌芽而浩瀚矣。平之于学会，权乃不重腿于幕友家丁书吏差役之手。

且夫权也者，固非一人之智力所得而司也。以藐藐之躬，肩亿万人之权，不啻人亿万人之室家，而代谋其生殖。童子而代大匠斫，侏儒而举乌获任，其不断指而绝膑，宁有宰也！又况律令不得官于其乡五百里以内。疆域迥隔，风俗攸殊。地非素习，人无旧识。贸贸而来，匆匆而去。无怪乎官之视民如驿卒，民之视官如路人也。

然官即至贤明，久于其任，而谓胜于生其地者之详悉其曲折，忠于自为谋者之避就其利害，吾亦敢断曰：“无是理也。”明明一渺不相涉之过客，乃尽操其主人之权。转不使其主人闻之而知之，遂泰然自信，以为足以善其事矣。天下至怪诞不近情理，孰有过此者乎？则何莫平其权于学会，使熟议其是非得失，晓然与众共之！官不至罔于措法，民不至壅于控诉。宓子单父之治，师事者若而人，友交者若而人，即学会通情平权之谓也。且平权，平其议事之权而已。办事之权仍官操之，无官令，民不敢干也。官又无所于侵权之为虑也。西国于议事办事，分别最严。议院，议事者也；官府，办事者也。各不相侵，亦无偏重。明示大公，阴互牵制。治法之最善而无弊者也。中国言任绅士，辄援滥绅劣生为口实。呜呼！绅即滥，生即劣，不犹愈于家丁、差役矣乎？则何其疑于此而信于彼也！

乡官之制，不复而复；三代之典，不兴而兴。官虽鸣琴不下堂焉可也。于是无变官制之名，而有变官制之实。

第六　仕学

唐末仕途猥滥，常调需次之官，为世轻贱，至有欲以告身易一醉而不得者。沿及五季，且以善歌善走而为节度使矣。

今之所谓官，亦甚夥而不可纪。原夫授官之始，皆由幸进。科举虽名为正途，其实特采于一日之长，非如古者之必出于学也。加以保举滥，捐例开，士农工商，并出于仕之一途。屠沽无赖，错杂其间，候补于省会，屋租为之一贵。终年营营，不得升斗禄，上官亦苦于无可位置，至为停分发之请，是两困也。以余论之：停分发，必以人员拥挤为名，吾不知所谓拥挤者何也。苟其皆才也，但患才少耳，何患拥挤？如其不才，听其自去自来可也，不必代虑其拥挤也。毋亦上官困于请托之繁，无以应之，故聊为缓兵之计耳。然停分发，恐有碍于捐例，不久复开，与不停等。所谓拥挤者愈益拥挤，欲尽用之不可，欲尽去之又不可也。言治者莫不以处此之为至难，然熟思之，亦复何难之有？

人才不患多也，见为多者，不出于学，而非人才耳。法当尽取而教之，使皆出于学。而成为人才，则总学会尤为造就候补官之地矣。督抚既身入会，其余自不令而从。况候补官尤视督抚为风气者乎！总学会设仕学一科，使候补官就学，其不就学与学而惰者，停其差委。就学者使诵习古今中外政教源流，措施大体，与现今所行之吏事，严为之格。岁时会众绅士而面课之，而公评之，其及格而才行为众绅士所称者，擢用之，否则置之。使众绅士预闻选官之典，以符国会之本义，且使官绅相习，如家人父子，不至隔膜相视，计无有便于此者也。

要之，人才不出于学，将百施而无一可。总学会之设也，正以使官中之人才，皆出于学，不独于候补官为然也。官中之人才，皆出于学，于是无变科举之名，而有变科举之实。

第七　法律

吏事至烦苦，纤末苛谨，晰如牛毛，徒滋弊而扰民，甚无谓也。王船山论吏卒不畏廉明，而畏简，最得吏事之要领。

今将悉取旧法而废之，又不可得，则莫如令总学会厘订一简要有定之法。法有三，一曰章程：今《会典》仿《周礼》体裁，叙述各衙门之职事。然仅京署，不及外官。且职事亦止言其大纲，而无办事之章程，降而外省各衙门各局所益无有矣。以中国之大，庶政之殷繁，乃无一章程，以为办事之规则。惟恃捋扯尘牍，零星凑集，不足，又取决于幕友书吏之口，而任其穿鼻牵引之。转不如二三裨贩倡优，犹有所谓行规，共相遵守，此绝可怪也。故总分学会，皆当立章程学，专意讨论，乃可就理。

二曰表：旧案山积，吏胥因缘为奸，虽禀兼人之资，生知之圣，无能遍稽而并综。是必有提要之一术，所谓表也。表不惟提要而已，又可分别门类，相为比较，而功过赢绌进退短长之迹生焉。表既成，则以简驭繁，一览而了如指掌，凡陈冗之簿书，悉畀炎火，毋为奸薮。故总分学会，皆当立表学，广为宣布，使习于用。

三曰图：有一名一物，即不应不有图，天文、舆地、疆界、田里、城郭、宫室、典礼、仪注、器械、物产，必著之于图，始足重其典守。夫表或精微难造，俗吏不解，至于图，少知书者皆任为之，何亦竟为绝学耶！吾不知无图矣，复何所凭藉以施治而相授受也。故总分学会，皆当立图学，慎办器象，储为故府。

三法毕备，由总学会颁其式于分学会，分学会复上其成事于总学会，有不便，可随时议改，务臻美善。官苟实力奉行，吏事其有整饬之一日矣。

且由此较稽权量，以归画一；通达刑律，以清狱讼；旁及公法，以育使才。于是无变法律之名，而有变法律之实。

第八　财用

《易》曰："何以聚人曰财。"《记》又曰："有人此有土，有土此有财。"人之与财，其相需如是其急也。夫离群索居，则咨嗟太息，无以发舒其抱负。临深陟高，山川满目，我于人两无所裨，即两不相关。既而闻声争附，见影相趋，学会成矣，人才出矣。又安可不筹理财之事哉？

衰世言利之臣，大率以民为圈苙中之牛豕，日夺其食，朘其脂，绝其生命，而苟焉以自救。否亦屯密云之膏，遏流根之泽，以吝啬闭藏为报国耳。持此理财，财安得不日益竭？

今之所谓学会，民以其学来会也，则言理财，悉以养民为主义。众寡舒疾，互研其理，农矿工商，各精其术，斯固然矣。有善堂者亦会之义也，苟尽取而并之于学会，或督其成，或分其役。赀合而力始巨，事公而效愈睹。鳏寡孤独废疾有养，则益使习为工艺，自食其力，加以变人力而为机器，化腐臭而为神奇。岂患天既生之，乃不能养之耶？他若辟道路以通货殖，联商会以课厘捐。今之厘金局不废去，则商务日坏，民生日棘，诚无能为矣。故言理财，必自废厘金始。或虞格于成例，不能遽免，莫若以学会及商会中人办理厘金之事，庶几可也。阻力既去，新利自生，成效既昭，募资亦易。然后溥施善政，慨振困穷，以会计为任恤，以任恤为丰阜。更由学会自设警部，则省去公家之兵费，而足以靖地方矣。由学会公定祀典，则省去赛神之民财，而庙宇足变为会产矣。而且衣服宴乐，居处仪文，由学会定一简易易从之准则，由是凡可以资小民之生计而制其用者，无不可以进议之矣。于是无变制度之名，而有变制度之实。

第九　群学

佛法以救度众生为本根，以檀波罗蜜为首义。克己时，当以蝼蚁、草芥、粪土自待；救人时，当以佛天圣贤帝王自待。即吾孔孟救世之深心也。学者堕落小乘，不离我相，于是为孔孟者独善其身，为佛者遁于断灭。揆之立教之初心，不啻背驰于燕越，甚无谓也。

今将利济为怀，又非一手一足所能任，则善矣夫佛之说法也，必与数万数千菩萨俱，天龙八部，人非人等，恭敬围绕，无所往而非学，即无所往而不有会，然后悚然叹曰："古今来学佛者，咸不知为学会，未为能学佛者也。能学佛则必自倡明学会之义始。"倡明学会，吾知其功德，必逾恒河沙数而不可思议。一生补他方，佛处生菩提树下，为法王子永断三途，住持极乐，遍治十方一切世界。何况此一世界，乃不能以学会治之耶？学会之条理，说已具前，然幸勿谓遂止此而已，其他遂不足为会也。

荀子曰："人之所以异于禽兽者，以其能群也。"是则但为人之智力所能为，而禽兽所不能为者，无不可以学而学、会而会，且通为一学一会也。儒而入会，于是无变书院之名，而有变书院之实；释老而入会，于是无变寺观之名，而有变寺观之实；农而入会，于是无农部之名，而有农部之实；商而入会，于是无商部之名，而有南部之实；工而入会，于是无劝工之名，而有劝工之实；矿而入会，于是无办矿之名，而有办矿之实；赛珍有会，则物不窳敝矣；记念有会，则人思自奋矣；戒鸦片有会，针膏肓也；戒缠足有会，起废疾也；戒时文有会，发墨守也。大哉学会乎！所谓无变法之名，而有变法之实者，此也。

第十　湘粤

时局之危，有危于此时者乎？图治之急，有急于此时者乎？屏藩之削夺，吾且弗暇论焉。舐糠则既及米矣，剥床则又切肤矣。台湾沦为日之版图，东三省又入俄之笼网，广西为法所涎，云南为英所睆。迩者胶州海湾之强取，山东铁路之包办，德又逐逐焉。吁！虽有计鑫，弗能为策矣。然而昧者犹曰："谓他人父，何事非君，彼必不外视我。"恶！是何言也。生当天杀之际，谁能覩夫不血刃之兵？尽泯种类之见，岂可责诸不同洲之国？乃独不见越南乎？久为法之人民，而犹教以《味根录》，试以八股文，其愚民且滋厉也。又不见香港乎？久为英之属地，而犹不许其立报馆，不许其联国会，其防民为加酷也。香港华民，为英箝束压制莫能转侧，巡捕满街，日以刺取华民阴私为事，一言不谨，辄为逻者系去。故华民终无振兴之一日。甘为奴役，得不鞭扑幸矣，思之可寒心也。他若南洋印度之群国，非、澳两美之土番，供役不为不勤，翊戴不为不久，而奴虏虐遇，生死惟命。何尝得免于薙狝之惧，而毫末畀以自主之权乎？呜呼！殷鉴不远，覆车在前，吾人益不容不谋自强矣。

吾湘号为能开风气，而近与粤邻。粤又雄区也，人才蔚起，货宝充轫，表海为藩，环山作砺。亦必道吾湘而通中原，取远势，宏矿产，兴商务，辅车之依，自然之形也。近年两省士夫，互相倾慕，结纳情亲，迥非泛泛。粤人黄公度廉访、梁卓如孝廉，来讲学于吾湘，吾湘亦有张阁学百熙督学于粤以报之。若夫学术沆瀣，尤足惊异。自南海康工部精探道奥，昌明正学，其门人克肩巨任，于斯有光。一洒俗儒破碎拘挛之陋，而追先圣微言大义之遗。湘人闻风，争自兴起，喁喁胶序，怀德慕思。几有平五岭而一逵之心，混两派而并流之势。其始虽由于一二人力为牵合，然亦会有天焉。岂初愿之遽能及此者哉?

嗣同昔于粤人绝无往来，初不知并世有南海其人也。偶于邸钞中见有某御史奏参之折与粤督昭雪之折，始识其名若字。因宛转觅得《新学伪经考》读之，乃大叹服。以为扫除乾、嘉以来愚谬之士习，厥功伟；而发明二千年幽蔀之经学，其德宏。即《广艺舟双揖》亦复笼罩古今中外，迥非耳目近玩。由是心仪其人，不能自释。然而于其微言大义，悉未有闻也。旋闻有上书之举，而名复不同，亦不知书中作何等语。乃乙未冬间，刘淞芙归自上海，袖出书一卷，云南海贻嗣同者，兼致殷勤之欢，若旧相识。嗣同大惊，南海何由知有嗣同?即欲为一书道意，而究不知见知之由与贻此书之意何在。五内傍皇，悲喜交集，一部十七史苦于无从说起。取视其书，则《长兴学记》也。雒诵反覆，略识其为学宗旨。其明年春，道上海，往访，则归广东矣。后得交梁、麦、韩、龙诸君，始备闻一切微言大义，竟与嗣同冥思者十同八九。上年梁君告嗣同，有朱蒉荪者，闻嗣同前在上海，问今去否？将不远数千里见访。嗣同益不测何因至前，旋即澹然置之。次年春，到上海，果晤蒉荪，问其见访之故，曰南海教之也。以嗣同粗陋不学，而厚被知遇如此，古称神交，宁复过之？直至秋末，始得一遂瞻依之愿，而梁、韩及嗣同亦先后俱南矣。夫即以彼此交谊之私，妄测时局，其亦有非偶然者乎！嗣同方以议修湘粤铁路朅来湖湘间，会同志诸君子倡为南学会，益以缔固湘粤之气，而又得嘉应黄公度按察之硕学精诚主持其事。虽茫茫禹甸，望远生悲，但使铁路及成，又申之以学会，则两省瓜华之祸吾知免矣。

鸣呼！造因靡微，得果将巨；先河后海，乐观厥成；世有明达，迳庭宜鲜。此吾所以言学会既终，而眷眷焉一陈其旨也。